Alles im Wanderland 3

Doro und Rainer Gottwald

Alles im Wanderland 3

12 neue rheinische Wandertouren mit Wanda und Paul

WDR FERNSEHEN

J.P. BACHEM VERLAG

Die TV-Reihe „Alles im Wanderland“ ist eine Idee und Produktion der TeleMütze Filmproduktion, Doro und Rainer Gottwald, und wird seit 1997 für das WDR Fernsehen realisiert.

Bibliografische Information Der Deutschen Bibliothek –
Die Deutsche Bibliothek verzeichnet diese Publikation in der Deutschen Nationalbibliografie; detaillierte bibliografische Daten sind im Internet über http://dnb.ddb.de abrufbar.

1. Auflage 2004

Einbandgestaltung und Layout: TeleMütze, Köln; Reprowerkstatt Wargalla
Projektkoordination und Lektorat: Frauke Severit, Köln
Reproduktionen: Reprowerkstatt Wargalla GmbH, Köln
Druck und Bindung:
Druckerei J.P. Bachem GmbH & Co. KG, Köln
Printed in Germany
ISBN 3-7616-1666-X

Bild: WDR/Fürst-Fastré

Liebe Wanderfreunde,

Land und Leute kennen zu lernen, und das auf erfrischend unkonventionellen Wegen – Wanda und Paul zeigen erneut, wie das gelingen kann. Bereits zum dritten Mal präsentieren sie nun in Buchform die schönsten Routen der beliebten Ausflugsreihe „Alles im Wanderland" im WDR Fernsehen.

Wer ihren Anregungen folgt, kann viel Neues entdecken und wird begeistert sein – von eindrucksvollen Landschaftsbildern, von lebendiger Tradition und von den vielfältigen Charakteren bei Begegnungen mit den Menschen am Wegesrand. Die Regionen Nordrhein-Westfalens haben viel zu bieten, und die Schönheiten unserer heimatlichen Natur und Kultur lassen sich mit Hilfe von Wanda und Paul komfortabel „erwandern".
– Die Touren funktionieren übrigens ganz sicher auch ohne Hund. –

Viel Freude also beim Nacherleben dieser kurzweiligen Expeditionsberichte aus unserem „Wanderland"!

Harald Brand
WDR Fernsehen
Chefredakteur NRW-Landesprogramme

Hallo! Alle im Wanderland!

Willkommen im dritten Band unseres multimedialen Wanderprojektes! „Wandern im Fernsehen“ lautete vor sieben Jahren der Auftrag, den Paul und ich fürs WDR Fernsehen umsetzen sollten; möglichst unterhaltsam, anregend und vor allem nachvollziehbar für den Zuschauer. Das hatte offenbar ganz gut funktioniert, denn nach den Sendungen haben sich immer mehr begeisterte Zuschauer auf die Socken gemacht und sind unsere Ausflüge nachgelaufen. Da man sich aber beim Wandern schlecht einen Fernseher in die Tasche stecken kann, kamen wir schließlich auf die grandiose Idee, auch noch das Buch zum Fuß herauszubringen.

Und überhaupt: Wandern wird ja immer gesünder! Inzwischen ist Wandern sogar Wellness. Nur einfacher. Und spannender, wie Sie gleich lesen werden.

Viel Spaß dabei und schönes Wetter wünschen Ihnen
Wanda und Paul.

P.S.: Sollte etwas nicht mehr stimmen, oder gibt es Verbesserungsvorschläge, wir haben vier gespitzte Ohren für Sie. Alle Wege sind frisch geprüft. Trotzdem empfehlen wir, eine Karte des Landesvermessungsamtes NRW bzw. des Eifelvereins (alle Maßstab 1:25.000) mitzunehmen. Gerade die größeren Touren werden dadurch einfach übersichtlicher.

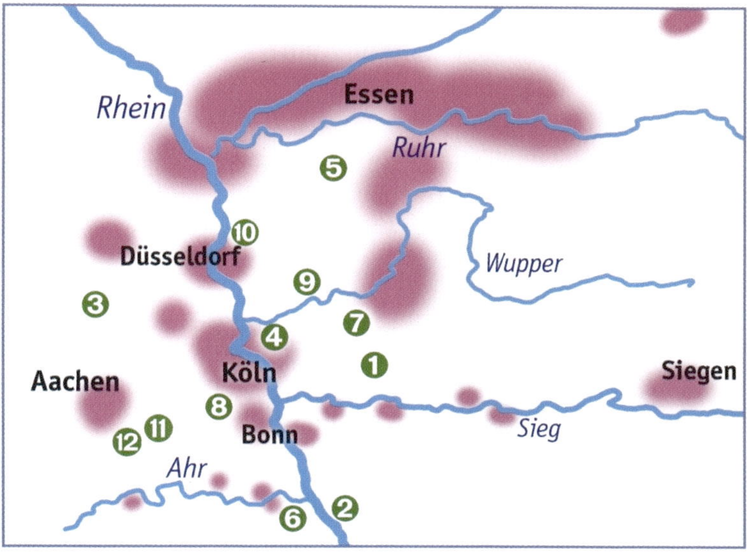

Rhein
Essen
Ruhr
5
10
Düsseldorf
9
Wupper
3
7
4
1
Aachen
Köln
Siegen
8
11
12
Bonn
Sieg
Ahr
2
6

TOUR 1:
LINDLAR

Gute Luft in grüner Lunge

Hin: *30 km östl. von Köln; von Westen über A4 AS Untereschbach, hinter Immekeppel mit L299; von Osten AS Engelskirchen, dann L302 und K19.*
Weg: *12 km oberbergische Überflieger-Rundwanderung, und /oder 5 km Runde Frischluft im Freilichtmuseum.*

Wenn das Bergische Land die grüne Lunge der Rheinländer ist, dann muss Lindlar das grüne Herz sein.

Paul und ich sorgen heute für gute Durchblutung, nicht nur von Herz und Lungen, auch von Kopf, Fuß und Pfote. Lindlar findet man leicht: nur 30 Kilometer in östlicher Richtung von Köln und in ungefähr 300 Metern Höhe über dem Meeresspiegel. Falls Sie gerade nach einem Vornamen suchen, „Lintlo" wäre doch ein schöner Name. Lindlar hieß früher einmal Lintlo. Zu Anfang des 12. Jahrhunderts nahm offiziell das Kölner St. Severinstift den Fronhof von Lintlo unter seine Fittiche und ließ hier eine der ältesten Kirchen im Bergischen Land stehen. Die ist, so wie in Köln, dem heiligen Severin gewidmet. Der dicke Westturm von St. Severin ist noch aus dieser Zeit. Besonderheit: Im Innern des Turmes gab es für den sporadischen Besuch aus Köln extra eine kleine Kapelle mit Öffnung zum Kirchenraum. So saß der Kölner Kontrolleur während der Messe stolz wie ein Kaiser hoch über den einfachen Leuten und demonstrierte die Kölner Machtstellung.

Au Backe, Grauwacke!

Nach und nach ließen sich immer mehr Bauern und Handwerker am Lennefer Bach nieder und Lindlar begann allmählich zu wachsen. Der Zukunft Lindlars lagen viele Steine im Weg, die jedoch waren von besonderer Qualität und deshalb von Bauherren sehr begehrt. Ab dem 19. Jahrhundert dann wurden die Lindlarer Erzeugnisse immer wackerer, genauer gesagt grauwackerer. In den großen Steinbrüchen nördlich vom Ortskern wurde und wird bis heute das 350 Millionen Jahre alte Sedimentgestein Grauwacke gesprengt, zerhauen und zersägt. Viele wackere Arbeiter erkrankten dabei an der berüchtigten Staublunge, und einige ließen ihr Leben; man sprach sogar schon vom Lindlar der Witwen und Waisen. Au Backe, Grauwacke! Heute atmet man in den Steinbrüchen natürlich nur noch durch Filter. Und das in der guten Bergischen Luft.

Wie wünscht man sich in Lindlar alles Gute? Hals- und Steinbruch!

Wir wandern ohne Filter los, hinaus aus Lindlar zusammen mit dem Lennefebach und kommen so geradenwegs durch den Freizeitpark mit Hallen und Plätzen für fast jede Sportart. Unser Wandersport ist natürlich der schönste, man braucht keine Halle, kommt viel rum und kriegt noch mehr zu sehen: zum Beispiel die versammelten Steinbrocken aus dem Lindlarer Boden und daneben die große Tafel, auf der gezeigt wird, wie Lindlar vor 500 Millionen Jahren ausgesehen hat. Schloss Heiligenhoven hat's da noch nicht gegeben. Und damit bleiben wir beim Thema Park: auf Freizeitpark folgt Schlosspark. Und was für einer! Wir drehen eine Runde durch den uralten Schlosspark mit über 1.000 Jahre alten riesigen Eiben, den vielleicht ältesten Bäumen des Bergischen Landes. Das Wasserschloss Heiligenhoven hatte seinen Ursprung vor über 600 Jahren als Rittersitz. „Gretin van heiligen hove" hieß die allererste, im Jahr 1363 urkundlich verbriefte Jungfrau, die irgendwann ins Kloster ging. Vor uns auf einer Insel im aufgestauten Lennefebach steht leuchtend gelb das große Schlossgebäude – und ist nicht zu besichtigen. Lohnt sich auch nicht, denn 1973 ist praktisch die gesamte Inneneinrichtung verbrannt. Heiligenhoven gehört seit den 1950er Jahren zu einer gemeinnützigen Einrichtung und dient der Fortbildung und Familienerholung, das Restaurant ist aber für alle geöffnet. Das Wappen der letzten hier residierenden Adelsfamilie, derer von Fürstenberg, hängt noch über dem Hauptportal und stützt sich auf zwei Bergische Löwen. Ich stütze mich auf meinen Bergischen Hund mit der feinen Nase für schöne Wege und spaziere weiter.

Schloss, Park und Lennefe lassen wir hinter uns, im Wald geht's jetzt auf der schattigen autofreien Allee schnurstracks hinauf auf die erste Etage in Richtung Berge. Oben rechts im Wald treffen wir auf die Johanneskapelle, eine von über 170 Kapellen auf Lindlarer Gebiet, Feuerwehrkapellen noch gar nicht mitgezählt. Sie wurden oft aus Dankbarkeit nach glücklichen Fügungen oder zum Gedenken an schlimme Ereignisse errichtet. Fast immer stehen frische Blumen und eine brennende Kerze auf dem Altärchen. Paul und ich bleiben nicht lange im Wald. Zwischen Steimelberg und Voßbrucher Tal rufen von links oben schon die Bergischen Höhen, die wir gleich erklimmen wollen.

2 *Auf unserer Runde durch den alten Heiligenhover Schlosspark. „Paul, nicht an den Eiben knabbern, die sind giftig!" Nur eine Hand voll Nadeln ist für Hunde schon tödlich.*

An „Unterheiligenhoven" stand auch mal eine Burg – Mauerreste sieht man noch zwischen den Bäumen. Hier zweigt ein Weg rechts ab, weiter rund um den Steimel und wieder zurück zum Schloss. Da kommt man auch zum einmaligen „Bergischen Freilichtmuseums", doch dazu mehr im NixWieHinweis.

In Unterheiligenhoven steht die wohl schönste Lindlarer Kapelle, die Dreifaltigkeitskapelle, ganz wildromantisch unter Bäumen in den Berghang gebaut.

An Hof, Hund und ein paar Häusern sind wir vorbei – unten rechts liegt die ehemalige Unterheiligenhover Mühle, heute eine Unterheiligenhover Villa –, und schon zweigen wir nach links in Richtung Gebirge ab. Über 120 Meter Höhenunterschied stehen uns nun bevor. Mit der ruhigen Landstraße spazieren wir in ein schmales Bachtal hinein, links die Buchen für Buchfinken, rechts die Tannen für Tannenmeisen. Auf einem Nadelwaldweg, den wir bald eingeschlagen haben, geht es nun knapp einen Kilometer lang bergauf. Aber keine Sorge, richtig steil ist nur das letzte kurze Stück. Und dann geht es auch schon aus dem Wald wieder hinaus. Haben Sie's bemerkt? Ein ganz anderes Lüftchen weht hier oben. Tief ein- und dann aufatmen, herrlich! Doch die Luft gehört uns nicht allein. Plötzlich zischt was Großes über unsere Köpfe hinweg. Ein Raubvogel? Nein, auch kein Singvogel, sondern ein Sinkvogel im Sinkflug. Der Segler hält Kurs auf den Hof mit der roten Windhose links von uns. „Paul, den Überflieger müssen wir uns aus der Nähe anschauen." Auf einem malerisch gewundenen Feldweg kommen wir über die Wiese zur Straße. Rechts geht's zur Hölzer Alm, links zur Bergischen Rhön mit Gasthaus, Camping und dem Segelfluggelände. Alm und Rhön, wir sind tatsächlich in den Bergen. Wir überlegen nicht lange, auch Paul meint, dass wir uns ein Päuschen jetzt verdient haben.

Vorschlag: Am Zaun von Dutztal dürfen sich alle duzen. Was hältst Du davon?

Wenn gerade keine Kühe auf der sonnigen Wiese grasen, dann gehen hier am Hölzer Kopf die Segelflieger in die Luft. Seit den 1950er Jahren wird auf dem

Bergrücken zwischen Agger- und Lennefetal gestartet und gelandet. Gerne auch mit Fluggästen. Und so einer bin ich gerade. Paul macht Platz, ich dreh' eine Platzrunde. Zuerst steigt man in den Rettungsfallschirm und dann in die doppelsitzige ASK 21. Gäste dürfen vorne sitzen, denn hinten sitzt der erfahrene Pilot, und schon geht es los. Mit Karacho und 350 PS! Aber ohne Motorengeräusch, denn der steckt nicht im Flugzeug, sondern in der Seilwinde, und die steht am anderen Ende des Platzes. Ein LKW-Turbodiesel rollt mit Vollgas das 1.000 Meter lange Stahlseil auf, an dem unser zartes Flugzeug hängt, mit einer Beschleunigung, die auch Porschefahrer blass aussehen lässt. Huii, nur ein paar Herzschläge und Aussetzer später sind wir auf 500 Metern Höhe angekommen und klinken uns aus: das Flugzeug aus dem Seil, ich aus dem Alltagstrott. Nur der Wind pfeift um die Kabine und tief unter uns sehen wir alles, was gerade nicht fliegt. Paul zum Beispiel. Die Zeit vergeht im Fluge und, wir müssen schon wieder landen. Ein tolles Erlebnis! Viel Spaß! Übrigens, anders als beim Autoführerschein kann man die Ausbildung zum Pilotenschein bereits mit 14 Jahren beginnen und mit 17 abschließen. Nach 60 Unterrichtsstunden und 60 Starts ist man dann soweit.

3 *Luftsportverein Bergische Rhön Lindlar e. V.*
Segelflugplatz Lindlar
Holzer Straße
Flugplatz-Tel.: 02266-8502
www.lsv-lindlar.de
Rundflug ab 15 €.
Aufwärts!

Mit dem Bergrücken, der sich hier zwischen dem Aggertal im Süden und dem Lennefebach im Norden hinstreckt, wandern wir gleich weiter. Dazu müssen wir in den Wald hinein und dürfen während der Starts und Landungen nicht quer über die Wiese laufen. Bei Paul ist die Gefahr ja nicht so groß, aber ich will keinen Kopf kleiner werden. Mit dem kleinen Umweg über den Hölzer Kopf (siehe Karte) werde ich sogar einen größer. Hier führt unsere Spur weiter auf einem Bilderbuch-Wanderweg durch einen besonders bunt gemischten bergischen Wald. Am rechten Fuß liegt das Aggertal mit rauschender Agger und rauschender Autobahn Köln-Olpe fern auf der andern Talseite. Und auch zu den Engelskirchenern können wir ein-, zweimal hinunterschauen. Auf dem Waldweg wird es mal wurzelig, mal etwas steiniger, und eine Lücke im Wald gibt noch einmal den Durchblick zur Fliegerwiese und auf die Weiten Lindlars frei. Nicht viel später verlassen Paul und ich auf unserem Pfad den Wald, und unter freiem Himmel zwischen Wald und Wiesen begleitet uns das unverbaubare Panorama auf Lindlar.

Ganz gemütlich spazieren wir bis zur Abzweigung auf einen Hohlweg, der hangabwärts hinunter nach Altenrath führt. Und fast wären wir mit diesem Schwung auch schon durchs Dorf hindurch, wenn, ja, wenn wir da nicht ganz besonders kurios abgebremst würden. In der Schützenstraße bellt Paul ganz aufgeregt los und ist kaum noch zu halten. Auf einem Grundstück stehen King Kong und ein Dinosaurier in Lebensgröße, zusammen mit diversen merkwürdigen Geräten. „Haus Safari" steht auf dem Fachwerkhaus geschrieben, „Kuriositätenmuseum" auf dem Hofhäuschen. Georg Hermann, genannt Dr. Blödsinn, lebt zwar in Altenrath, ist aber sehr jung geblieben. Der kölsche Tarzan – Schorsch Herrmann kann angeblich als Einziger den echten Tarzanschrei – ist mit Frau und Kindern wegen der guten Luft von Köln aufs Land gezogen und befindet sich seitdem auf Bergischer Safari, wie er sagt. Schon sein Großvater war Urwaldforscher und brachte höchst seltsame Andenken aus Afrika mit, der Grundstock der Herrmann'schen Originalitäten war gelegt. Seither sammelt der Enkel Kuriositäten aus aller Welt und macht nebenher geniale Erfindungen wie z. B. die Klopapierwaschmaschine. Mit dem Motorrad aus der Rocky Horror Picture Show besitzt Herrman auch echte Filmrequisiten, und auf selbst gebauten Musikboxen lässt er die Beatles und das Colonia Duett als Puppen tanzen. Der gruselige Krakenkopf aus Burma stammt aus einem Kuriositätenzelt in San Francisco. Berühmt sind auch die unendlichen Ge-

Nach unserem Weg über den Hölzer Kopf bringt uns dieser Hohlweg hinunter nach Altenrath.

schichten, die das echte Unikum mit seinen vielen Titeln während einer seiner weithin gerühmten Führungen durchs Museum zum Besten gibt. „Lachen und Weinen reinigen die Seele“, lautet ein Motto von Schorsch Hermann.

Paul und ich müssen noch grinsen, als wir schon längst aus Altenrath hinausgewandert sind. Das vergeht uns erst an der allerdings endgültig letzten Steigung für heute hinauf zur Jugendherberge. Danach bringt uns die Schlussetappe wieder ins Lennefetal hinunter, zwischen wohnlichen Bergischen Einfamilienbungalows zurück in den alten Ortskern von Lindlar.

4 *Privatmuseum Georg Hermann Schützenstraße 26 51789 Lindlar Tel.: 02266-6839 Tägl. ab 11 Uhr, Gruppen bitte anmelden Eintritt frei, Spende an Kinderkrebshilfe erbeten.*

Der NixWieHinweis

Eine Tour übers Gelände des Freilichtmuseums ist schon eine kleine Wanderung für sich. Von unserer beschriebenen Route zweigt als Alternative der Weg zum Freilichtmuseum ab, zum „Bergischen Freilichtmuseum für Ökologie und bäuerlich-handwerkliche Kultur“, um genau zu sein. Eine echte Sehenswürdigkeit im Bergischen Land. Hier wurde das typisch bergische Leben zwischen den Jahren 1820 und 1960, also vor Pauls und meiner Zeit, konserviert. Alles in Original-„Kulissen“. Seit 1991 fuhren auf dem landschaftlich wunderschönen Museumsgelände die Tieflader und Schwertransporte vor, um ganze Häuser, Höfe oder Werkstätten aus anderen Orten abzuladen. Die wurden dann haargenau im Originalzustand wieder aufgebaut, sogar die Himmelsausrichtung muss stimmen, damit die Sonne zur richtigen Tageszeit ins richtige Fenster scheint. Die alte Wuppertaler Kneipe „Römer“ zum Beispiel kenne ich selber noch aus meiner Jugend. Kaum mache ich die Tür auf, da steh' ich schon mitten drin in der kultigen Kneipe – und in meiner Jugend. Aber so ergeht es einigen Besuchern, die hier durchs Museumsdorf „Lingenbachtal“ von Haus zu Hof ziehen und dabei an

Omma und Oppa denken müssen. Nicht nur Gebäude, auch Pflanzen, Tiere, der Lingenbach selber, die Wege, einfach alles entspricht dem historischen Zustand der vergangenen beiden Jahrhunderte. Alte Hasen treffen auf alte Schweinerassen, die Kartoffeln sind so mickrig wie die Kartoffelernte, und mühsam zieht der Ochse den Pflug durch den Acker; wie im Historienfilm, nur in echt und live. Alle hier gesäten und geernteten Produkte stammen aus ökologischem Anbau, was anderes gab's früher auch nicht.

5 *Bergisches Freilicht-museum Lingenbachtal*
Tel.: 02266-471920
www.bergisches-freilicht-museum.lvr.de
Ö: Mai-Okt. Di-Fr 10-18, Sa 10-19 Uhr, Nov.-Apr. Di-So 10-16 Uhr
Eintritt: Erw. 4 €, Ki. 2,50 €, Familie 8 €, Gruppenführungen n. V.

Das Ganze ist wie ein Besuch auf einer nicht einsamen, aber einzigartigen Insel aus einer Zeit weit weg im Bergischen Land. Faszinierend, findet auch Paul, mein alter Mischlingsrassehund. Viele Veranstaltungen für Kinder und Erwachsene füllen den Freilicht-Terminkalender. Filzen z. B.: Aus Wolle und Seifenlauge entstehen Bälle, Schuheinlagen oder so ein Hut, wie ich ihn aufhabe. Tanz in den Mai, die Johannisnacht mit Nachtwanderung und Johanniskräutern, Drehorgelfest, Dampfmaschinentreffen, Räucherfest, Martinszug – es gibt viel zu Feiern im Freilichtmuseum. Höhepunkt: am letzten Augustwochenende der „Traditionelle Bauernmarkt". Den dürfen Sie sich auf keinen Fall entgehen lassen! Also schon mal die Pferde einspannen.

Filzen lernen mit Marianne Frielingsdorf kann man auch im Freilichtmuseum.

WANDERFILET

Schloss Heiligenhoven

In Lindlar kann man sogar im Schloss speisen, und das erschwinglich. Vor ein paar Hundert Jahren nahm hier schon höchster Hochadel sein Essen ein, wie z. B. Heinrich Wilhelm Freiherr von Reuschenberg oder Reichsfreiherr Clemens Lothar von Fürstenberg Heidringen. Und jetzt wir. Entweder drinnen oder auf der Terrasse vorm Schloss. Seit Frühjahr 2004 wird hier allerdings umgebaut. Wer ab wann der neue Pächter sein wird, erfragen Sie am besten im Touristik-Büro.

❸ *Hotel-Restaurant „Bergische Rhön" Holzer Straße 18 51789 Lindlar Tel.: 02266-8359 www.Bergische-Rhoen.de Ö: 11-21 Uhr; Ruhetag: Di, Nov.-Feb. auch Mo Doppelzimmer ab 50 €*

Bergische Rhön

Nach meinem Segelrundflug noch etwas wackelig auf den Beinen hab' ich mich mit Paulchen im Hotel-Restaurant „Bergische Rhön" niedergelassen; nicht zu Flugenten mit Fluganas, sondern zu Schnitzel, Schnibbelkuchen, Kartoffelplätzchen und anderen bodenständigen Leckereien. Oder zur Bergischen Kaffeetafel auf der Terrasse mit 4 Brotsorten, Schinken, Wurst, Käse, Butter, Quark und Marmelade, Milchreis, Apfelkraut, Sandkuchen, Waffeln mit heißen Kirschen und Sahne und Kaffee, Kaffee, so lange, wie die Dröppelminna tropft. Ab 4 Personen, pro Person 11 €, Kaffeetafeln immer vorbestellen!

Altes Amtshaus

An Sonntagen ab 11.30 Uhr ist das alte Amtshaus der ideale Ort für den Start unserer Lindlar Wanderung: im Garten unter der riesigen alten Buche unterhalb der Kirche (hinter unserem Parkplatz). Das Früh- oder Spätstück, am besten sagt man Brunch, hat sich nicht nur in Lindlar herumgesprochen. Ein opulentes Vorspeisenbuffet, Suppe, 4 Hauptgänge und das Dessertbuffet sind hervorragende Grundlagen für ausgedehnte Sonntagswanderungen. Hunger ist der beste Koch, aber Sulejman Gurmani ist auch nicht viel schlechter. Gurmani kocht für Gourmets in Germany, das muss er schon allein wegen seines klangvollen Namens. Seine Küche hat er bergisch verwurzelt, aber für den anspruchsvollen Gaumen verfeinert. Am Nachmittag gibt es frische Waffeln, Eis, hausgemachte Kuchen und auch Bergische Kaffeetafel (ab 6 Pers. p. P. 14,50 €). Am Abend und drinnen in den historischen, aber hellen Amtsstuben wird schon das Studium der Speisekarte zum Lesegenuss. Man kann sich die Qual der Wahl sparen und nimmt das köstliche 7-Gang Menü für 65 €. Und ein Stockwerk tiefer warten in einem der bestsortierten Weinkeller im Oberbergischen edle Franzosen, Italiener, Amerikaner, Afrikaner und auch einige Deutsche der renommiertesten Weingüter auf ihre Befreiung aus der Flasche.

1

Restaurant „Altes Amtshaus"
Am Marktplatz 1
51789 Lindlar
Tel.: 02266-464646
www.amtshauslindlar.de
Ö: 11.30-24 Uhr, 12-15.30 u. 18-22 Uhr Küche, Ruhetag: Mi
Bergische Waffeln mit Milchreis, Zucker, Zimt ab 3,50 €, Kuchen ab 2,50 €, sautierte Lachsblätter auf Limonen-Noilly Prat-Sauce (8 €), Medaillons vom Hirschkalbsrücken in Brombeer-Cassissauce am Tisch flambiert (21,50 €), Zanderfilet auf seiner Haut gebraten auf Flusskrebs-Veloute (19,50 €).

Soweit unsere Runde um Lindlar im Oberbergischen Land. Eine wirklich traumhafte Tour. Wer hier nicht ein paar tiefe Lungenzüge nimmt, ist selber schuld. Viel Spaß beim Inhalieren wünschen Paul und Wanda!

Touristik-Büro:
LindlarTouristik,
Tel.: 02266-96407
www.gemeinde-lindlar.de

Tour 1, *12-km-Rundwanderung (oder 5-km-Museumsrunde): Lindlar – Schloss Oberheiligenhoven – Unterheiligenhoven – Hölzer Kopf (Bergische Rhön) – Altenrath – Lindlar:*

Start **P** u. Marktplatz Lindlar (neben Kirche); „Dr. Meinerzhagen-Str." überqueren; vor Brücke links mit **(A1)** in „Ludwig-Jahn-Str."; **(A1)** folgen; nach Freizeitpark rechts ab zur Runde um Schloss Heiligenhoven; im Park über Wiese auf Waldhang zu; Waldweg hoch und links bis Drehkreuz; die schöne Allee rechts hinauf; Abenteuerspielplatz; oben nächsten Weg (Sperrschild) rechts ab in Wald

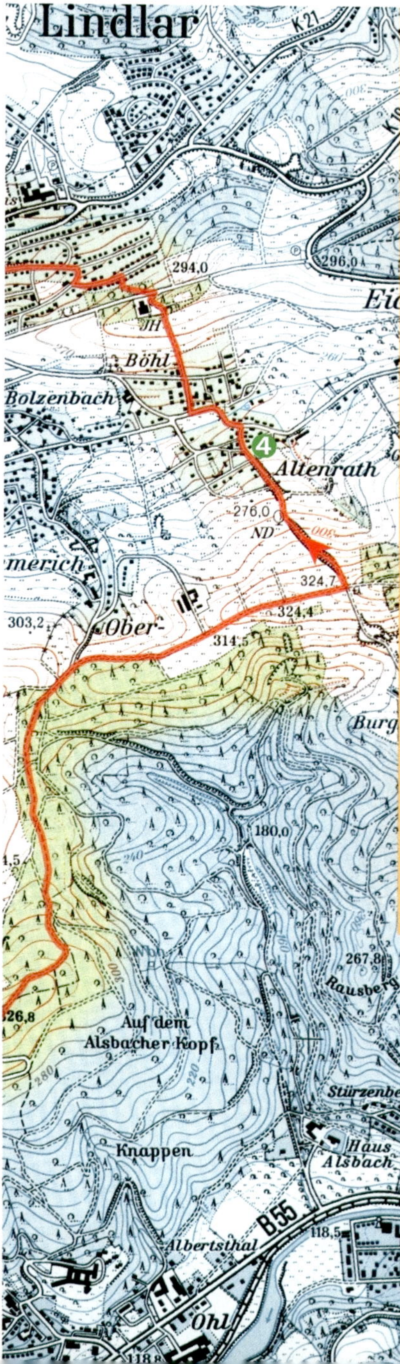

hinein **(A1,3)**; „Johanneskapelle"; Waldrand entlang hinunter nach Unterheiligenhoven; (hier Abzweigung (s. blauer Weg) mit **(A1)** zum Freilichtmuseum und kleiner Runde zurück zum Schloss); mit **(A3)** auf Asphaltstr. rechts weiter; nächste Abzw. mit Landstr. links; im Wald mit nächstem Waldweg scharf rechts zurück und hoch; nach Linkskehre den 1. Weg links hinein; nach 600 m bei Gabelung auf steilen Weg rechts hinauf; an Grundstück „Dutztal" entlang und weiter bis Str. links ab auf Windhose u. Camping (Bergische Rhön) zu (mit weißem **(0)**); nächste Mögl. mit Kiesweg rechts ab am Flugfeld entlang geradeaus zum Wald hinauf; im Wald nächsten Weg links ab auf **(A3, X)** oder **L**; 2 km weit auf dem Bergrücken mit schönem Weg **(X, L)** und vorbei an Aussichten auf Aggertal und Flugplatz; am Waldrand rechts weiter mit **(L, X)**; an der Bank geradeaus oberen Weg weiter mit **(X, L)**; an Wegkreuzung links! (**(L)** biegt rechts ab) Hohlweg hinunter nach Altenrath; geradeaus und vorbei an Kuriositätenmuseum („Schützenstr."); unten im Ort links; nach Brücke „Talstr." links; 2. rechts auf Herbergsweg und steil hinauf mit **(A3)** bzw. weißem Balken; oben an Jugendherberge vorbei; Straße überqueren und direkt mit Fußweg **(JH)** Wald hinunter; weiter mit **(JH)** ins Zentrum Lindlar („Lerchenweg", „Am langen Hahn", „Dr. Meinerzhagen-Str.", „Marktplatz", **P**).

TOUR 2: UNKEL

Mit Wanda und Paul ins Rheinische Nizza

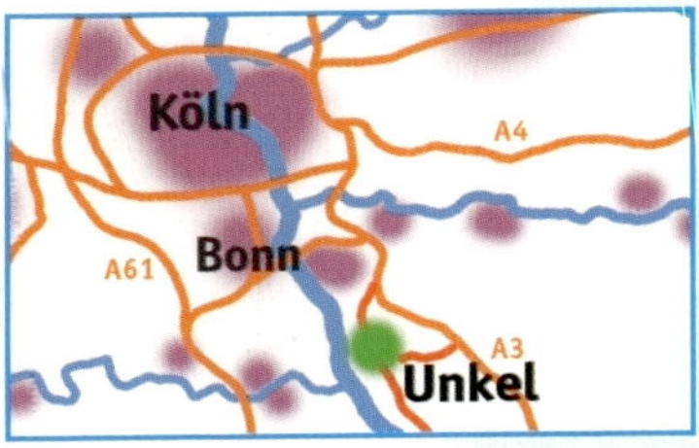

__Hin:__ 20 km südl. von Bonn; rechtsrh. über A3 AS Bad Honnef/Linz; oder Bundesstraße 42 bis Unkel; DB Halt Unkel.
__Weg:__ 9 km/18 km rechtsrheinische Superwanderung mit Riesen-Rheinblicken; auf Wunsch mit Seitensprüngen durch wildromantische Seitentäler mit Bummelbahn.

Willkommen an der Côte d'Azur, der blauen Küste am Rhein.

Es entfaltet sich jetzt eine Landschaft, welcher an Mannigfaltigkeit keine am Rhein gleichkommt." So stand es schon im Baedecker von 1886, dem berühmten Handbuch für Reisende. Knapp 100 Jahre früher geriet hier noch einer ins Schwärmen: Der weitweltgereiste Naturforscher Alexander von Humboldt (1769–1859). Er gab der Landschaft zwischen Rhein und Siebengebirge sogar den Kosenamen „Rheinisches Nizza". Paul und ich streifen heute mitten durch die rheinische Côte d'Azur und müssen hinterher zugeben, der Vergleich hinkt so wenig wie wir, nämlich kein bisschen. Wir starten in Unkel, dem ersten Halt hinter der Grenze in Rheinland-Pfalz. Da stehen Paul und ich mit unseren sechs Beinen vorm Bahnhof von Unkel und verkneifen uns erst einmal den verlockenden Rundgang durch die romantische Altstadt. Die soll so unkonventionell hübsch sein, dass sie sogar von der Haager Konvention als schützenswert eingestuft wurde.

Hier an den Hängen des Stuxberges wächst er noch, der „Unkeler Funkeler". Prost!

2

Nach ein paar Minuten Fußweg entlang der Bahnlinie taucht da auch schon linkerhand der „Stux", eine der legendären Unkeler Weinlagen auf. Ohne weinerlich zu werden kommt man an Unkel nicht vorbei, denn bis ins letzte Jahrhundert waren die Unkeler hauptberuflich Winzer. Umso winziger ist die Anzahl der heute noch winzernden Familien, nämlich genau eine. Die Familie heißt Braun, macht aber Rot- und Weißwein; auf die treffen wir noch mal am Ende unserer Tour in der Unkeler Altstadt. Die Geschichte des geliebten Unkeler Rotweins, des „Unkeler Funkeler", setzen noch ein paar andere sehr engagierte Weinliebhaber fort. Am Fuße der Weinberge treffe ich auf zwei junge Leute, Angelika und Jörg Belz. Hobby: Freizeitwinzern. Die beiden haben sich der Herstellung von Bio-Wein verschrieben. Klein aber fein sind die Trauben ihrer zum Teil über 30 Jahre alten Rebstöcke, bringen wenig Ertrag, dafür viel Blume und Aroma. Die steilen Unkeler Schieferhänge speichern besonders viel Wärme; beste Bedingungen für glückliche Weintrauben und trainierte Winzerwaden. 40 Prozent Steigung in den Weinhängen sollten den Weinbauern nicht schrecken. Auch mich nicht. Ziemlich außer Puste bin ich hinterher geklettert und sitze nun an der höchsten Stelle im Weinberg hoch über allen Reben, unter mir Unkel, vor mir ein Glas Rotwein, neben mir ein charmanter Winzer und hinter mir der Felsen.

Weinbau Jörg Belz
Grabenstr. 33
53572 Unkel-Bruchhausen
Tel.: 02224-76710

Und Paul? Der will noch kurz checken, wie Weinbergschnecken schmecken, und versetzt dabei die Unkeler Feldmäuse in Panik.

Paul und ich haben noch einen langen Weg vor uns, rufen also den Belzens „Auf Vinosehen“ zu und verabschieden uns mit den Schritten ins schnuckelige Hähnerbachtal hinein. Jetzt geht's steil nach oben in den Wanderwald, der hier Westerwald heißt. Über den Stuxberg nähern wir uns allmählich dem Ort Orsberg und genießen zwischendurch das tolle Fernsehen: auf den Westerwald linkerhand, auf die berühmte „Erpeler Ley“ vor uns und im rechten Augen-Blick das Rheintal mit der beginnenden Eifel. Hinter uns winken zum Abschied die vertrauten heimischen, blauen Zipfel des Siebengebirges. Auf 200 Metern Höhe liegt das kleine ehemalige Winzerdörfchen Orsberg mit schöner Kapelle (von 1708), ebenso altem Fachwerk und dem „Orsberger Brönnche“, dem offiziellen Dorfbrunnen. Wenn Sie am Sonntag nach Maria Himmelfahrt, etwa Mitte August, hier vorbeikommen, können Sie mit den Orsbergern ausgiebig Kirmes feiern. Paul und ich wandern weiter, auch ohne Kirmes.

Im Hähnerbachtal plätschert uns ein erfrischender Wasserfall direkt ins Wanderbuch.

Bald am Waldrand begegnen wir mit unserem „kleinen“ Rheinhöhenverbindungsweg dem großen Bruder „Rheinhöhenweg“. Wer jetzt geradeaus weiterläuft, steht schon bald auf der Erpeler Ley und zieht dabei die kürzere Tour. Paul und ich wandern natürlich die große Runde, biegen hier also ab und bereichern uns um das tiefe hochromantische Kasbachtal. Nach einer guten Viertelstunde Abstieg sind wir auch schon unten im Tal des Kasbachs. Und da braut sich für uns Wanderer die köstlichste Erfrischung zusammen: frisches Bier. Hier in der idyllischen Abgeschiedenheit des Kasbachtälchens ließ es die Familie Steffens bereits im Jahr 1866 gären, mälzen, kühlen und zapfen. Aber wie jetzt rankommen an das frische Bier? Ich habe Glück. Paul findet unter den Bäumen ein schattiges Plätzchen zum Ausruhen, und ich selbst kann mich einer fidelen

Unmittelbar neben dem fallenden Wasser zieht uns der Rheinhöhenverbindungsweg den Berg hinauf.

Besuchergruppe anschließen, zwecks hochinteressanter Besichtigung der brodelnden Brauerei. „Hier riecht's ja überall nach Bier!" Kein Wunder, wir befinden uns ja auch auf einem heftig hefigen Schnupperkursus in die Kunst des Bierbrauens. Wir schlängeln uns vorbei an warmen dickbäuchigen Kesseln und schäumenden Bottichen und erfahren alles über Obergäriges und Untergäriges, das strenge Reinheitsgebot von 1517 und das geheime Leben von Hopfen und Malz. Wussten Sie etwa, dass zum Bierbrauen nur die weiblichen Hopfenblüten gepflückt werden? Es wird kühler, denn tief im Felsgestein kommen wir vorbei an der Lagerung und schließlich zur Abfüllung. Endlich: ein Bierpröbchen! Prösterchen! Ganz frisch und direkt von der Bierleitung gezapft. Da werde sogar ich mal zur Biertrinkerin. Nach dem theoretischen Teil kommt dann die Praxis und die meisten Ausflügler werden zu Einkehrern im Biergarten der Brauereischänke gleich nebenan, um das Zuprosten noch ein bisschen zu praktizieren ...

Privat-Brauerei Steffens
Severinsberg 1
53547 Kasbach/Linz
Führungen über die Brauerei-Schänke n. V.
Tel.: 02644-980780
www.brauerei-steffens.de
www.runkel-gastronomie.de

4

Vorbei an der fidelen Schänke geht der Weg weiter. Da wird es plötzlich lauter, und die nächste Gruppe Ausflügler marschiert uns voll durstiger Vorfreude entgegen. Da muss doch irgendwo ein Dampfer angelegt haben, meint Paul. Was, hier mitten im Wald!? Doch Paulchen hat gar nicht so Unrecht. Der Dampfer entpuppt sich allerdings als dunkelroter Schienenbus aus den 1950er Jahren, den die Deutsche Bahn längst ausgemustert hat. Paul und ich springen schnell hinein und ab geht das urige Eisenbähnchen. Einmal Endstation und zurück lassen wir uns schaukeln und überwinden dabei zweimal ganze 400 Höhenmeter! Durchs Kasbachtal führt seit 1912 eine der steilsten Eisenbahnstrecken Deutschlands und Dampfloks mussten die Zähne zusammenbeißen und als Zahnradbahn hinaufschnaufen! Dem Schienenbus reichen seine 300 PS ge-

Seit 130 Jahren braust in der Steffensbrauerei das blonde Bier durch die Rohre. Macht Bier eigentlich blond?

rade aus, um im konkurrenzlosen Schneckentempo bergan und bergab zu zockeln. Nicht zügig, dafür pünktlich! „Drachenlandexpress" wurde der brummige Dieseltriebwagen schon genannt. Etwa mit Jim Knopf als Schaffner und Lukas dem Lokomotivführer am Steuer? Ausschließlich an Sonn- und Feiertagen fahren begeisterte Eisenbahn-Romantiker die 9 Kilometer vom Bahnhof Linz am Rhein bis nach Kalenborn hoch oben im Westerwald. Ein netter Zug, der sich genial in vielerlei Tourenvarianten einplanen lässt. Um die begeisterten Wanderer und Ausflügler mitzunehmen, hält man zweimal mit kreischenden Bremsen unterwegs an: in Kasbach und hier an der Steffens-Brauerei. Echter Nahverkehr!

Nach dieser „Erfahrung" des Kasbachtals mit der Bahn beginnen Paul und ich endlich mit der „Erwanderung". Immer dem Bächlein und Bähnlein nach geht's das Kasbachtal hinauf. Ein paar Mal werden wir im Zickzack den Bach überqueren, mal überquert uns die Bahn, während ein Wald urigster Sorte uns umgibt. Außer klopfenden Spechten, dem plätschernden Bach und dem in der Ferne pfeifenden „Sonderzug" stört uns niemand bei unserem Naturerlebnis Wandern. Nach 2 Kilometern sollten wir, wenn wir seit der Brauerei richtig gezählt haben, viermal den Bahndamm unterquert haben, und kurz bevor wir's ein fünftes Mal tun, sollten wir das Tal verlassen. Mit diesem Abzweig steigen wir zum „Weidestück" hinauf und stehen nach knapp einem Kilometer am Waldrand. Und atmen einmal kräftig durch. Vor uns liegt eine wunderschöne Landschaft mit sanft zum Rhein abfallenden Feldern, die in der Ferne auf der anderen Rheinseite zu den Eifelhöhen wieder ansteigen. Wir sind ganz schön hoch gekommen und können daher

K *Eifelbahn Verkehrsgesellschaft mbH*
Tel.: 02644-808803
oder über Tourist-Information Linz/Rhein
Tel.: 02644-2526
www.linz.de
Die Bahn fährt sonn. u. feiert. von Ostern bis Ende Okt.
Erw. 4 €, Ki. 2 €.
Ganz neu ist der Wanderweg vom Bhf. Kalenborn durchs Kasbachtal (s. Karte)

so weit schauen. Hier oben ist es wirklich toll, doch wir reißen den Blick los, und die Feldwege führen uns erholsam sanft bergab Richtung Ohlenberg und hinunter zurück nach Kasbach.

Gleich steht uns das steilste Wegestück der heutigen Tour bevor: Es geht hinauf auf einen der mächtigsten und markantesten Rheinfelsen seit Erfindung der Loreley, die Erpeler Ley. Nach einer schweißtreibenden Viertelstunde sind wir teils sogar über Treppen geradewegs bergauf gekraxelt und hocken nun erschöpft, aber glücklich in 191 Metern Höhe über dem Rhein auf der Erpeler Ley. Ich glaube, sogar Paul genießt den erpeligen Ausblick auf das breit und gelassen hingestreckte Rheintal unter uns. Ach ja, wenn man doch verliebt wäre, hier oben gibt's so viele lauschige, romantische Plätzchen... Obwohl es am Wochenende alles andere als einsam ist auf der Erpeler Ley. Die Romantik muss man sich dann mit einigen anderen Menschen teilen. Die meisten fahren einfach mit dem Auto hierher und erholen sich vom vielen Gucken in der Gaststätte „Bergesruh" bei Kaffee und Kuchen. Daneben gibt's noch einen Mini-Tierpark, den Paul sofort für sich entdeckt hat; Aug in Aug mit Dammwild, Eseln und Pfauen, das findet Paul zum Bellen. Erinnern Sie sich noch? Am 2. August 1909 riskierte der Graf von Zeppelin seine erste Ausfahrt mit einem lenkbaren Luftschiff und wurde dabei von einem schlimmen Unwetter überrascht, sodass er umkehren musste. Und wo fand dieses Umkehrmanöver statt? Genau hier über der Erpeler Ley, das kann jeder auf dem Gedenkstein nachlesen. Das große Holzkreuz dagegen erinnert an ein Weltkriegsdrama, das sich 1945 unterhalb der Ley zugetragen hat: die Eroberung der Brücke von Remagen. In Friedenszeiten war die mächtige Brücke für Verkehrsverbindungen relativ uninteressant; wenige Züge, dafür umso mehr Remagener und Erpeler wechselten

„O du schöner Westerwald, über deine Höhen pfeift der Wind so kalt", Kalt war's nicht, und gepfiffen hat nur der alte Schienenbus.

gerne über den Rhein, und das spazierenderweise über den Fußsteig. In den burgartigen Brückenpfeilern auf der Remagener Seite ist heute ein sehenswertes Friedensmuseum untergebracht (www.bruecke-remagen.de), das alles zur Geschichte der Brücke dokumentiert hat.

3 *Auf der Erpeler Ley.*

Die Ley verlassen Paul und ich durch den Wald auf der Nordseite, die Straße fährt hinunter nach Erpel und wir kürzen zu Fuß die Serpentinen ab. Unten angekommen, spazieren wir mit der Straße über den Graben der alten Bahnstrecke. Man kann noch sehen, wo die Züge durch den Tunnel im Berg verschwanden, bevor sie wenig später über die Remagener Brücke sausten. Nach wenigen Minuten stehen wir auf dem malerischen Marktplatz von Erpel.

Der dreieckige Platz ist von den schönsten Häusern umstellt. Wir sehen auch das Gasthaus „Om Maat", wo bei schönem Wetter die Stühle und Tische draußen stehen und das sich als Wanderpause aufdrängt. Die tolle Platane, die seit 1887 die Pflastersteine und den Brunnenpfeiler auf dem Marktplatz beschattet, grüßt gut gelaunt über die Kölner Straße hinweg zur riesengroßen roten Buche hinüber. Die sorgt für den schattigen Kirchplatz und wird ebenfalls oft bewundert. Dort bimmeln uns die Glocken der bunten St. Severinus Kirche entgegen, die älteste bimmelt schon seit über 600 Jahren. Im Vorgängerbau von St. Severinus sollen angeblich sogar schon die Gebeine der Heiligen Drei Könige auf ihrer Reise von Mailand nach Italien übernachtet haben, das war im Jahr 1164. Verantwortlich für den kostbaren Transport war seinerzeit der Kölner Erzbischof Rainald von Dassel. Auf diese Geschichte sind die Erpeler so stolz, dass symbolisch drei Kronen im Erpeler Ortswappen prangen. Paul und ich schlendern noch ein bisschen durch die gemütlichen Gässchen und bestau-

Und am Fuße der Erpeler Ley.

nen die alten Häuser und blühenden Gärten. Bestimmt haben Sie's schon bemerkt, ich bin zum Erpelfan geworden. Denn und vor allem: Der kleine, etwas verschlafene Ort hat in Sachen Rheinromantik eine Menge zu bieten und bleibt gleichzeitig von allzu viel anderen jauchzenden Touristen verschont, glücklicherweise. Das beliebte viertägige Erpeler Weinfest in der Altstadt ist eines der kleinsten mittelrheinischen Weinfeste und findet immer um den 3. Sonntag im September statt. Falls es sich also einrichten lässt …

Der Name Erpel stammt vom keltischen „herpilla" und bedeutet „wiesenbewachsener Hügel". Hat also nix mit den Entlein zu tun.

Gasthaus „Om Maat" 5
Marktplatz 6,53579 Erpel
Tel.: 02644-2495
Ö: Mo-Fr 10-14.30 u. 17-1 Uhr, Sa, So 10-1 Uhr, Ruhetag: Di
Schweinskopfsülze mit Bratkartoffeln und Salatteller 6,80 €; Salatteller mit Putenbruststreifen 7,60 €

Paul und ich verlassen den geschichtenträchtigen Ort über die Frongasse vorbei am altem Fronhof und durch's historische Frontor, an dem üppig und lila die sommerlichen Glycinien wuchern. Als wir uns umdrehen, steht da doch tatsächlich zu lesen: „HERRLICHKEIT ERPEL". Die Verwaltung „Alte Herrlichkeit Erpel" wurde 1130 selbstständig und führte sogar eigene Gewichte und Maßeinheiten.

Rheinabwärts schlendern wir jetzt ufernah Richtung Unkel. Zuerst noch als Platanenallee, später als Uferweg zwischen Fluss und Obstwiesen führt unsere Tour noch knappe 3 Kilometer stromabwärts nach Unkel, „ad unchele", wie man vor 1.200 Jahren sagte. Der Unkeler Ruderclub und die ersten Wohnhäuser haben uns inzwischen begrüßt, da steht auch schon direkt am Rhein dick und kugelrund der alte Gefängnisturm, der einmal Teil der Stadtbefestigung von 1550 war. Hier musste einst nach seinem Ausflug ein betrunkener Bonner – Beethoven soll er geheißen haben – eine Nacht verbringen, sicher hatte ihm der Unkeler Wein zu gut geschmeckt. Also bitte aufpassen mit dem Alkohol! Wer den Turm nüchtern besichtigen möchte: Zehnmal im Jahr gibt es einen offiziellen Besichtigungstermin, den Sie am besten bei der Stadt Unkel erfragen.

„HERRLICHKEIT ERPEL". Ganz schön eitel und selbstbewusst, was? Kein Wunder, Erpel ist eine Perle, und das nicht nur als Anagramm.

„Ich schritt allein hinab den Rhein, am Hag die Rose glühte, und wundersam die Luft durchschwamm der Duft der Rebenblüte."

Die Unkeler Promenade, die dann folgt, ist ein echtes Prachtstück mit ihren vielen und vor allem ordentlich gestutzten Platanen; Paul wird gar nicht fertig mit schnuppern und markieren. Über der Promenade thront schön wie in einem rheinischen Bilderbuch die gotische Pfarrkirche St. Pantaleon und hat den schönsten Rheinblick auf Drachenfels und Siebengebirge. Auch der Rhein selbst sieht in Unkel nicht nur besonders gut aus, der Fluss ist hier ganze 286 Meter breit und 12 Meter tief.

Von 1839 bis 1840 lebte der große Dichter und Romantiker Ferdinand Freiligrath in Unkel. Das unverwechselbar rosafarbene Freiligrathhaus liegt auf der Höhe der Schiffsanlegestellen und verleiht der Unkeler Promenade einen Extrafarbtupfer. Übrigens leben heute in der kleinen Stadt 5.000 Unkeler. Und einer von ihnen ist der Herr Barth, der mich im historischen Rathaus durchs private Arbeitszimmer von Willy führt. Denn auch Willy Brandt war von 1979 bis zu seinem Tod 1992 ein Unkeler Einwohner. Alles in diesem Zimmer ist authentisch. Das alles hatte Willy Brandt schon einmal in der Hand und gehörte zu seinen persönlichen Gegenständen: Von der – natürlich politischen – Witzbuchsammlung über das Mobiliar bis hin zum Kugelschreiber. Der Besucher darf, muss aber nicht alles anfassen, und kann in der Bibliothek schmökern und sich gerne an den Schreibtisch setzen, an dem der große Politiker viele Stunden gesessen hat. „Das ist kein Museum", sagt Herr Barth, „sondern Zeitgeschichte zum Anfassen."

6 Willy-Brandt-Arbeitszimmer
Touristinformation Stadt Unkel, Linzer Str. 2
53572 Unkel
Tel.: 02224-902822
www.rheingefuehl.de

Kurzweilige Führungen des Geschichtsvereins: 20 € für Gruppen bis 25 Personen, Auskunft unter Tel.: 02224-902822

Paul und mich zieht es noch eine Runde durch die Unkeler Gässchen, in denen es wochenends nicht ganz so still ist. Gut, dass heute Mittwoch ist. So bleibt uns viel Ruhe zum Abklappern nur einiger über Unkels Altstadt verteilter Sehenswürdigkeiten: das originelle Bügeleisenhaus von 1650, die alte Mädchenschule, der

Fronhof, das Viergiebelhaus, die Villa Profitlich oder das älteste erhaltene Haus Unkels in der Lahngasse Nummer 2. Bronzetafeln, die der Geschichtsverein aufgestellt hat, liefern den Besuchern die Infos.

Wir wollten ja noch bei der letzten verbliebenen Winzerfamilie vorbeischauen und mal gucken, was die so machen. Also schunkeln wir mitten durch Unkel und betreten schließlich die wunderschöne Pützgasse, die Mutter aller mittelrheinischen postkartenverdächtigen Gassen. Und hier betreten wir unser erstes Wanderfilet.

Die wunderschöne Pützgasse, die Mutter aller romantischen Gässchen.

WANDERFILET

Im Lämmlein

In der traumhaft malerischen Pützgasse in Unkel steht das Weinhaus „Im Lämmlein", seit fast 300 Jahren im Besitz der Familie Braun. Drinnen im überdachten Rebengarten wachsen einem die Portugieser- und Burgundertrauben fast bis in den Mund, essen sollte man aber trotzdem von den urigen blanken Holztischen. Die Unkeler Tröpfchen zu probieren ist hier ein Muss, direkt vom Erzeuger quasi. Und: Unkeler Wein bekommt man einzig und allein nur in Unkel. Mit der deftigen Bauernplatte, dem Winzerschmaus und vielen anderen meist kalten Kleinigkeiten kann man den Ausflug ganz allmählich ausunkeln lassen. Und das mitten in einer rheinischen Altstadt unter dem Schutz der Haager Konvention sozusagen... Sie erinnern sich?

Weinstube „Im Lämmlein"
Pützgasse 6,
53572 Unkel
Tel.: 02224-3179
www.im-laemmlein.de
Ö: tägl. ab 14, Sa, So u. Feiert. ab 11 Uhr
Ruhetag: Mo
Nov. bis Ende April zu

6

Bauernplatte Große Vesper f. 2 P. 10,50 €; Weinkäse m. Brot u. Butter 2,50 €; Weinpokal Unkeler Sonnenberg Riesling halbtrocken 3,20 €

Bad Honnef: Markt 3

Nur ein paar Kilometer nördlich von Unkel ist Bad Honnef zu finden, für viele von Ihnen liegt das wahrscheinlich bereits auf dem Nachhauseweg. Und dort direkt am schmucken Marktplatz mitten in Bad Honnef, wo das gastronomische Honnefer Leben pulsiert, haben wir das Restaurant „Markt 3" entdeckt. Die 3 steht dabei für die Hausnummer, nicht für die Anzahl der Sterne, obwohl...

Parmesan-Bärlauch Soufflé auf Tomatenkonfit m.

Rucolasal. u. Pancetta-Coppata 11,50 €; Loup de mer in Form gebacken m. Spargelragout, Kart. u. Rieslingschaum 24,50 €; gebratene Erdbeeren an Rieslingzabaione u. Beerensorbet 8 €
Hotel Restaurant „Markt 3"
Markt 3
53567 Bad Honnef
Tel.: 02224-93320
Ö: 12-14 u. 18-22 Uhr
Ruhetag: So

Hier das Menü, das ich für unseren Film aufgetischt bekam: 1. Szene – Die zarte Taubenbrust schlummert auf einem Spargel Erdbeer Salat in Balsamico. 2. Szene – Auch als Hauptgang etwas mit Spargel (wir befinden uns im Monat Mai): Loup de Mer mit Spargelragout und Bärlauchschaum. 3. Szene - In der Küche der Küchenchef Bernd Becker persönlich beim Zubereiten des Seewolfs. 4. Szene – Überm schicken Innenhof schließt sich wegen Regens das elektrische Dach. Währenddessen genehmige ich mir ein erfrischendes Sorbet auf Champagnergelee. Ende. Bleibt noch festzustellen, dass Bernd Becker so aussieht wie Boris Becker, aber bestimmt besser kocht, was er auch schon in den feinsten Häusern in England, Italien und Japan getan hat. Jeder Bissen als Beweis dafür.

Voilá, das war unser Ausflug durchs savoir vivre im südfranzösischen Rheinland. Egal, ob Sie die komplette Runde machen, mit oder ohne „Drachenlandexpress" und die ein oder andere Abkürzung nehmen, jede Variante wird Sie begeistern. Sie haben's gut! Paul und ich wünschen viel Spaß beim Nachwundern. Tschüüß und au revoir.

Paul, sind Erpel und Unkel eigentlich Weinorte, weil sie so nah am Wasser gebaut sind?

Tour 2, 9-km-Rundwanderung (oder 18-km-Riesenrunde): Unkel – Orsberg (– Kasbachtal – Untererl – Kasbach) – Erpeler Ley – Erpel – Unkel: Start DB Unkel mit Markierung **(RV)** bis Erpeler Ley; mit „Siebengebirgstr." Ri. Zentrum **(RV)**; links ab Bahn unterqueren; rechts ab parallel mit Bahn „Auf der Persch" weiter; Höhe Bahnübergang links ab und Bundesstr. überqueren; am Taleingang rechts mit **(RV)** hinauf auf „Stuxhöhe" (zum Wasserfall: kurz ins Tal hinein; nach Wasserfall mit Fußweg hinauf, im Wald rechts halten); weiter mit **(RV)** über Orsberg bis Waldrand; (hier links ab mit **(R)** für große Tour (s. u.); mit **(RV)** weiter in den Wald und bis Erpeler Ley-Plateau; im Wald mit **(RV)** Abstieg nach Erpel; mit „Erpeler-Ley-Str." links Bahn unterqueren; nach „Marktplatz" rechts „Kölner Str." bis Kirche; in „Frongasse" vorbei an Kirche und auf Rheinpromenade; Rheinuferweg zurück bis Unkel mit Promenade und Freiligrathhaus; kurz zurück und vor Kirche links ab in „Pützgasse"; links ab mit „Frankfurter Str." zur „Bahnhofstr." und zum Bahnhof.

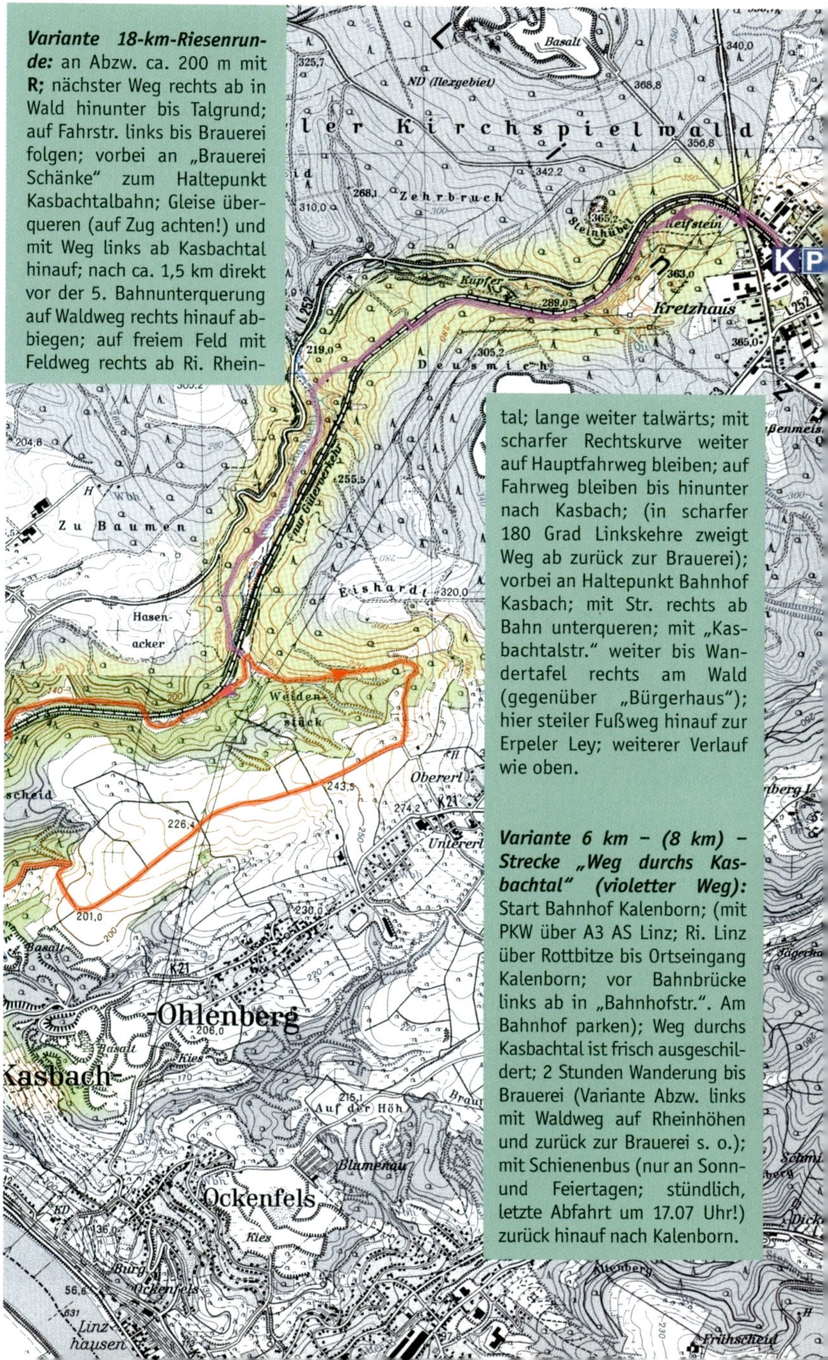

Variante 18-km-Riesenrunde: an Abzw. ca. 200 m mit **R;** nächster Weg rechts ab in Wald hinunter bis Talgrund; auf Fahrstr. links bis Brauerei folgen; vorbei an „Brauerei Schänke" zum Haltepunkt Kasbachtalbahn; Gleise überqueren (auf Zug achten!) und mit Weg links ab Kasbachtal hinauf; nach ca. 1,5 km direkt vor der 5. Bahnunterquerung auf Waldweg rechts hinauf abbiegen; auf freiem Feld mit Feldweg rechts ab Ri. Rheintal; lange weiter talwärts; mit scharfer Rechtskurve weiter auf Hauptfahrweg bleiben; auf Fahrweg bleiben bis hinunter nach Kasbach; (in scharfer 180 Grad Linkskehre zweigt Weg ab zurück zur Brauerei); vorbei an Haltepunkt Bahnhof Kasbach; mit Str. rechts ab Bahn unterqueren; mit „Kasbachtalstr." weiter bis Wandertafel rechts am Wald (gegenüber „Bürgerhaus"); hier steiler Fußweg hinauf zur Erpeler Ley; weiterer Verlauf wie oben.

Variante 6 km – (8 km) – Strecke „Weg durchs Kasbachtal" (violetter Weg): Start Bahnhof Kalenborn; (mit PKW über A3 AS Linz; Ri. Linz über Rottbitze bis Ortseingang Kalenborn; vor Bahnbrücke links ab in „Bahnhofstr.". Am Bahnhof parken); Weg durchs Kasbachtal ist frisch ausgeschildert; 2 Stunden Wanderung bis Brauerei (Variante Abzw. links mit Waldweg auf Rheinhöhen und zurück zur Brauerei s. o.); mit Schienenbus (nur an Sonn- und Feiertagen; stündlich, letzte Abfahrt um 17.07 Uhr!) zurück hinauf nach Kalenborn.

TOUR 3: WEGBERG

Berg weg in Wegberg

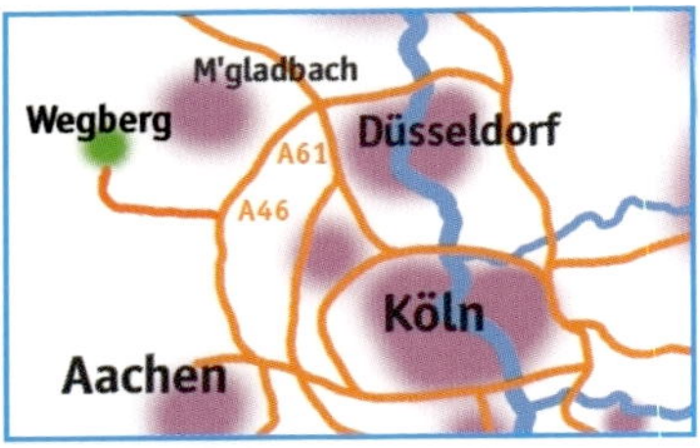

Hin: *10 km südwestl. von Mönchengladbach, 55 km nordwestl. von Köln; über A61 und A46 AS Erkelenz-Süd, B57 Ri. Möncheng1., auf L3 nach Wegberg; Bundesbahn Wegberg.*
Weg: *16 km/10 km niederrheinische Bach-, Flach- und Flachsrundwanderung; keine Steigung, aber riesig viel Steigerung.*

Der Niederrhein. Unendliche Weiten.

Paul und ich sind heute tief im Westen, so tief, dass ganz Deutschland Osten ist. Von hier aus gesehen. Das heißt aus dem Kreis Heinsberg, dem westlichsten aller Kreise. Uns hat es ins niederrheinische Flachland gezogen. Niederrhein, das bedeutet Urlaub von Bergen und Tälern, keine steilen Anstiege oder langen Treppen, einfach Erholung pur. Oder? Na ja, mal ein Berg oder eine schöne Aussicht sind aber auch nicht zu verachten ... Der Niederrhein ist die ideale Gegend für Radfahrer, besonders für diejenigen, die an der Gangschaltung sparen. Die ausgeschilderte NiederRheinroute bezeichnet sich als Deutschlands größte Radwander-Route. Wir aber wollen hier zu Fuß wandern, mit nur einem Gang, das geht nämlich auch. Also kommen Sie mit, bei Fuß! „Paul, du auch!"

Und schon bewegen wir uns durch den deutsch-niederländischen Naturpark „Maas-Schwalm-Nette". So nett heißen die drei wichtigsten Fließgewässer, von denen wir uns heute allerdings nur in dem mittleren nasse Füße holen werden. Als Orientierungspunkt merken Sie sich die Stadt Wegberg, die nördlichste Stadt im Kreis Heinsberg, leicht mit der Eisenbahn anzufahren. Nur einen Katzensprung nördlich von Wegberg gelegen starten wir unsere Tour auf dem Parkplatz der schönen Molzmühle. Mühlen sehen wir heute noch genügend, daher alles über diese ganz spezielle Mühle im Wanderfilet am Ende der Tour.

❶

Start und Ziel unserer Tour ist die Molzmühle (siehe auch Wanderfilet). Hier trifft auch der Mühlenbach auf die Schwalm.

Wo Mühlen sind, da ist auch Wasser. Stimmt, wenn's keine Windmühle ist. Unschwer zu erkennen ist, dass wir uns bereits mitten in einem Feuchtgebiet befinden. Nur ein paar Meter weiter plätschert uns auch schon die kleine Schwalm entgegen und bringt auch gleich zwei Wege mit. Wir nehmen den nach der Brücke, schwalmaufwärts direkt am Wasser entlang.

Die Schwalm bringt es bis zu ihrer Mündung in die Maas auf 46 Bachkilometer. Wir werden ihre ersten knapp 6 Kilometer bis zur Quelle rückwärts verfolgen – gehen also nicht den Bach runter, sondern rauf. An den sanften Kurven und längeren Geraden unseres Bachweges kann man gut erkennen, dass in vergangenen Jahrzehnten „unkontrollierte" Bachläufe vor allem von Landwirten als störend empfunden wurden. Inzwischen ist man wieder klüger und bemüht sich mit Erfolg um Landschaftsschutz, schwalmabwärts, da gibt's vor lauter Natur keine Wege mehr.

In Wegberg teilen wir uns die Bahnunterführung mit der Schwalm.

Zurück zur Natur. Paul und ich befinden uns momentan in einer ziemlich feuchten. Ringsherum sind die Böden eher sumpfig und moorig. Der dünne Wald besteht hauptsächlich aus Baumsorten, die die Nässe vertragen können, Schwarzerlen beispielsweise.

Keine halbe Stunde laufen wir durch diesen stillen Wald, da stoßen wir kurz vor Wegberg auch schon auf die Landstraße, die wir vorsichtig überqueren sollten. Vorsichtig deswegen, weil Autos auf einer Landstraße oft sehr oder zu schnell fahren. Genau auf dieser Straße wurde schon einmal noch viel schneller gefahren, um Punkte. Allerdings nicht um die in Flensburg, sondern um Punkte auf einer Wertungstabelle. Es handelte sich dabei um tollkühne Auto- und Motorradrennfahrer unterwegs auf dem „Grenzlandring". 9 Kilometer lang war eine Runde um Wegberg herum, von 1948 bis 1952 galt die Strecke sogar als die schnellste Rennstrecke Europas! Geschwindigkeitsrekorde wurden aufgestellt. Schorsch Meier war so ein Herr des Grenzlandrings und machte hier mit seinem 500er BMW-Motorrad Grenzerfahrungen. 216 km/h Höchstgeschwindigkeit! Und das 1949. Im August 1952 allerdings kam es in der langgezogenen Roermond-Kurve, an deren Ende wir hier stehen, zur Katastrophe: Ein Rennwagen schleuderte in eine Zuschauergruppe. Viele Tote und noch mehr Schwerverletzte! Der Innenminister persönlich verbot alle weiteren Rennen auf dem Wegberger Grenzlandring.

Der Grenzlandring rund um Wegberg war einmal die schnellste Rennstrecke Europas!

Auf der gegenüberliegenden Bachseite laufen Paul und ich in Dorp ein. Dorp ist einer von 40 Ortsteilen der Stadt Wegberg, die sich urkundlich über 1.000 Jahre alt nennen darf. Zwischen Häusern und Gärten geht es unterhaltsam mit der Schwalm weiter. Den Tunnel durch den Bahndamm teilt sich die Schwalm mit uns Fußgängern, aus Platznöten laufen Paul und ich höchst originell übers Wasser auf einem Steg. Hinterm Tunnel dürfen wir wieder „absitzen“ und folgen einfach dem Weg durch die Parkanlage. Von links stoßen jetzt auch die Bahnreisenden aus Richtung Bahnhof zu uns. Auf der großen Tafel am Parkrand steht einiges über die Geschichte der Stadt geschrieben, sehr praktisch, da hier am Park mehr Platz dazu ist als in unserem kleinen Buch. Platz war in Wegberg für Franzosen, Niederländer, Österreicher, Preußen und viele andere. Im 14. Jahrhundert residierte Ritter Johann von Berck hier in der Burg rechts von uns – heute ein Hotel und Restaurant. Übrig geblieben ist nur der Ziegelturm, wie wir auf der Tafel gelesen haben, und der Name der Ritterburg Berck, der steckt offensichtlich in Wegberg. Im Vorübergehen grüßen wir noch die vielen Enten und Gänse auf dem ehemaligen Mühlenteich, der zur bis 1952 noch mahlenden Wegberger Mühle gehörte und den sich die Wegberger schlauerweise nun als Stadtweiher erhalten haben. Ganz nebenbei mündet hier links neben dem Weiher der Beecker Bach in die Schwalm.

Weg geht's von Wegberg. Wir überqueren zum zweiten Mal den ehemaligen Grenzlandring und kommen danach durch das Örtchen mit dem Namen Bissen. Falls Paul und ich hier wohnen würden, was würde an unserem Gartentörchen stehen? Vorsicht Bissener Hund! Die Bissener Bischofsmühle wird gleich abgelöst von der Bockenmühle in Watern. Die steht unter Denkmalschutz und liegt sogar zwischen zwei Mühlenteichen. Dem alten sich immer noch drehenden Mühlrad wird es bestimmt ganz schwindelig in der Schwalm. Gemeinsam mit dem stetig jünger werdenden Bach wandern wir noch ein Stückchen weiter durch den luftig lichten Laubwald. Und dann sind wir auch schon im waldigen

Hin und weg von Wegberg.

Mühle, Motte, Märchenschloss. Alles Tüschenbroich!

Quellgebiet der Schwalm im Tüschenbroicher Wald.

Dort steht die „Tüschenbroicher Mühle" am Tüschenbroicher Weiher gegenüber dem Tüschenbroicher Schloss. Am besten macht man es wie wir und mietet sich gleich einen Kahn und sieht sich alles vom Wasser aus an. Backbord und mittendrin: ein baumbewachsener meterhoher Hügel auf einer verträumten Insel. Eine Motte! Im 9. Jahrhundert zog sich der hiesige Landadel auf diese wasserumspülten Erdhügel (franz.: Château à la motte = Burg auf einem Erdhügel) zurück und rettete sich so vor den räuberischen Normannen. Nirgendwo gibt's so große und viele Mottenkugeln wie im Kreis Heinsberg. Die Turmburg auf der Insel brannte irgendwann ab und stattdessen gibt's hier seit dem Jahr 1500 – steuerbord – das Tüschenbroicher Schloss, mit Herrenhaus und Turm. Das reetgedeckte Fachwerkhaus am anderen Ende war eine Mahl- und Ölmühle. Das heißt, dass hier je nach Saison entweder Getreide gemahlen oder Flachssamen gepresst wurden. Heute werden in dieser weit und breit schönsten Fachwerkmühle Antiquitäten verkauft. Die Mühle, von der wir losgerudert sind, war die Tüschenbroicher Kornmühle, und zu der rudern wir jetzt wieder zurück. Wo einst Korn gemahlen wurde, wird heute gekocht und gebacken und auf der malerischen Restaurantterrasse lasse ich mir den Kuchen schmecken, das gesamte Tüschenbroicher Ensemble im Blick.

Nach Essen und Trinken kurven wir weiter durch den feuchten Wald. Vor der schönen Ölmühle biegen wir links ab und spazieren auf dem breiten Weg weiter. Hinter der weißen Ulrichskapelle im Wald springen plötzlich ein paar Rehe hervor und über den Weg. Paul –

ganz Hund – regt sich natürlich tierisch auf. Wie auch sonst? Bald nach der Kapelle biegt unser kleiner Weg in den Wald links ab, und wir schlängeln uns kreuz und quer durch die waldige Geburtsstation der Schwalm, sozusagen. Hier entspringt also, begeistert begrüßt von viel Vogelgezwitscher, unser Schwälmchen. Herzlich Willkommen!

Noch über ein Brückelchen und der Waldrand ist erreicht. Nun zu etwas völlig anderem: weite Horizonte, große Felder, leichtes gelocktes und in Wellen liegendes Flachland. Am Waldrand spazieren wir nach links, dann mit dem Weg zwischen den Feldern entlang einen Kilometer geradeaus nach Uevekoven – ein Dorf, das von uns ebenfalls ganz geradlinig durchquert werden kann. Vorbei am Wäldchen mit dem Wasserwerk der Wegberger, und gleich werden wir zum dritten Male den Grenzlandring erreichen und überqueren. Vorsicht! Die lange „Erkelenzer Gerade" scheint für manche immer noch gut für Höchstgeschwindigkeiten zu sein. Wir streben geradewegs auf den Bach zu, der bald in Wegberg die Schwalm treffen wird. Sie erinnern sich an den Beecker Bach? Den gleichnamigen Ort erreichen wir, wenn wir auf der Bachbettkante entlang bachaufwärts rutschen. Wem's jetzt reicht und wer zurück nach Wegberg möchte, bitteschön, links entlang immer mit der Fließrichtung. Der verpasst allerdings den wirklich sehenswerten Kirchplatz von Beeck. Und die Museen.

Lecker Kaffee und Kuchen im Restaurant Café „Tüschenbroicher Mühle" Gerderhahner Str. 1 41844 Wegberg Tel.: 02434-4280 Ö: ab 11 Uhr, Mo zu 2

Paul und ich waren im Winter noch einmal hier. Eiskalt.

St. Vinzenzius heißt die gut gelaunte Kirche. Gute Stimmung auf dem netten Platz verbreiten auch die in Schönheit gealterten Bäume und Häuser rundherum und mittendrin. Zur Rast laden Bänke und zwei Lokale ein. Paul und ich – wie immer im Dienst – haben in der Zwischenzeit, wo Sie hier sitzen, die beiden interessanten und liebevoll

Immer am letzten Septemberwochenende wird in Wegberg-Beeck ein weithin beliebter und bekannter Flachsmarkt veranstaltet.

gestalteten Museen in der Nachbarschaft besucht. Der Heimatverein Wegberg-Beeck sammelt seit über 20 Jahren in einer restaurierten alten Scheune mit Garten alles, was zum Thema Flachsanbau mit Ölpressung und Leinenherstellung interessant und sehenswert ist: Geräte, Gewebe, Gesundheit und die Geschichte unserer 6.000 Jahre langen Nutzung der blaublühenden Leinenpflanze. Besuchergruppen können sich vorher anmelden und dann nach der Führung mit einem Flachs- oder Waschdiplom in der Tasche weiterwandern. Wie man in aller Damen und Herren Länder Kleidung aus Leinen gewoben hat, kann man sich seit dem Jahr 2001 im Trachtenmuseum vom gleichen Verein zeigen lassen.

③ *Flachsmuseum Beeck*
Holtumerstr. 19
41844 Wegberg-Beeck
Tel.: 02434-927614
Ö: So 11-12 u. 14.30-17 Uhr u. n. V.
So Eintritt frei

Ganz schön rührig, das kleine Beeck, das früher eine Metropole im rheinischen Flachsanbau war. Daher nannte man den Ort auch Flaasbeeck. Wir verlassen jetzt das hübsche Beeck – ja, wirklich, ohne Flachs.

Am Friedhof von Beeck vorbei überqueren wir am Übergang der Rheydter Geraden zur Beecker Kurve zum nun vierten und letzten Male den Grenzlandring. Paul legt den Endspurt ein, allmählich geht der Nachmittag zur Neige und unser Weg zurück auf Anfang will noch gelaufen werden. Mit dem Wirtschaftsweg gehen wir zwischen Stoppelfeldern weiter und biegen vor dem Wegekreuz links ab auf den Wald zu. Drinnen im für heute relativ dunklen und trockenen Wald kreuzen wir die Eisenbahnschienen nach Wegberg und ziehen weiter, später mit einer Linksabbiege am Waldrand, in Richtung Busch. Wenn Sie uns fragen, was in Busch ist, können wir nur sagen: ein paar nette Häuser und in der Rechtskurve eine romantische Kapelle. Das ruhige Dörfchen mit der dazugehörigen Buschmühle haben wir mit der Brücke über den Mühlenbach hinter uns gelassen. Noch

Trachtenmuseum
Heimatver. Beeck e. V.
Kirchplatz 7
41844 Wegberg
Tel.: 02434-927615
So Eintritt frei

einmal kurz durch einen Wald und unser Wanderweg führt uns vorbei an den Häusern und Datschas von Balkhoven, kreuzt schließlich die Landstraße und bringt uns gegenüber mit dem Hinweis „Molzmühle" auf den Fahrweg zurück zum Bollenberg mit unserem Parkplatz direkt vor unserem heutigen Wanderfilet.

WANDERFILET

Die Molzmühle

Wer bei so vielen Mühlen rund um Wegberg endlich einmal eine von innen sehen möchte und wem dann noch gleichzeitig der Magen knurrt, dem empfehle ich die „Molzmühle". Die haben wir mitten im Wald bei Wegberg entdeckt, ehemals eine Wassermühle aus dem 18. Jahrhundert und jetzt ein ganz besonderes Hotel und Restaurant. Kurz bevor der Mühlenbach in der Schwalm endet, brachte er schnell noch die Molzmühle in Schwung. Den hat das Haus bis heute nicht verloren, jetzt wirbelt hier die schwungvolle Chefin Brigitte Hoyer, die nicht nur selber am Herd steht, sondern auch weiß wie man eine angenehme Atmosphäre schafft. Immer wieder flüchten die Gäste aus dem Getriebe der modernen Städte ins Getriebe der alten Molzmühle von 1627, denn im Restaurant sitzt man mittendrin im Mühlraum zwischen den grandiosen Zahnrädern und Achswellen. Der älteste erhaltene hölzerne Kollergang im ganzen Rheinland. Das müssen Sie gesehen haben, bevor Sie nach Hause fahren! Dass mit diesem Ambiente auch die feine neudeutsch-elsässisch-südafrikanische Küche mithalten kann, versteht sich. Ich hatte zur Vorspeise ein köstliches Entensülzchen mit Apfelkraut, als Hauptgang zartes Lamm mit gebackenen Kräutern, und zum Dessert kam im grünen Garten neben der plätschernden Schwalm ei-

Hotel-Restaurant „Molzmühle!
Im Mollenberg 41
41844 Wegberg
Tel.: 02434-24333
www.molzmuehle.de
Ruhetage: Mo, Di

Übern. m. Frühstück im Doppelzimmer p.P. 50,- €
Bouillabaisse 8,50 €; Perlhuhnbrüstchen zu Spitzkohl-Rotweinlinsen m. Sternanis 15,50 €

ne richtig blumige Kreation auf den Nachtisch: Zimt Rotwein Birne auf Blätterteig mit Zabaione. Inzwischen sehr beliebt ist auch das Mittwochsmottogericht für 9,99 €. Das kann mal etwas asiatisches sein, mal etwas niederrheinisches, am besten vorher erfragen, oder sich überraschen lassen. Auch, welches der wöchentlich wechselnde Hauptgang für 11,– € sein wird. Und wenn ein Hotel den Namen Romantikhotel tragen dürfte, dann wär' das die Molzmühle. Herrlich: in höchst gemütlichen Betten unter Moskitonetzen schlafen an der Schwalm, gut geschützt vor Blutsaugern und weit weg von allen Nachtschwärmern.

Der NixWieHinweis I

Für leckere Gerichte mit Apfelkraut hat's der Koch der Molzmühle zum Einkaufen nicht weit. In Holtum soll's eine ganze Apfelkrautfabrik geben. Und da auch ich mir dieses klebrige Zeugs leidenschaftlich gerne aufs Brot schmiere, kann ich nicht nach Hause, ohne mich vorher mit dem dunkelbraunen Gaumenkitzel einzudecken. Herr über die Äpfel ist Krautfabrikant Bernd Spelten. Und echtes Spelten's Apfelkraut, sowie Birnenkraut und Rübenkraut, gibt's nicht im Supermarkt, sondern nur hier oder in gut sortierten Bauernhofläden zu kaufen. Und was braucht man für Apfelkraut? Viele leckere Äpfel. Die bringen die Leute aus der Gegend hierher und nehmen dafür im Tausch gläserweise die dunkelbraune Melasse mit. Ende September ist natürlich dementsprechend was los auf dem Hof.

4
Apfel- und Rübenkrautfabrik Bernd Spelten
Marktstraße 56
41844 Wegberg-Holtum
Tel.: 02434-4293
Ö: Mo-Fr 8-16 Uhr

Der NixWieHinweis II

Klar, der Niederrhein wurde geschaffen fürs Radfahren. Der Rhein kommt aus den Schweizer Alpen, aber woher kommen die Räder? In Schwanenberg-Grambusch, zwischen Wegberg und Erkelenz, hängt bei Kempers ein Fahrrad draußen an der Hofwand. Das passt, denn Michael Kemper ist

Fahraddesigner und hat hier in einem 300 Jahre alten Gehöft Showroom, Konstruktionsbüro und Manufaktur.

Michael Kemper hat nicht das Rad erfunden, das Zweirad aber erfindet er immer wieder neu. Seine Entwürfe gehen stets neue geniale Wege und erregen internationales Aufsehen. Auch bei der Namensfindung der Modelle hört Kempers Kreativität nicht auf. Da ist zum Beispiel das „Lorri", Fahrrad des Jahres 1994. Oder „Filibus", davon fuhren im Jahr 2000 jede Menge durchs Dorf – durchs olympische in Sydney: Im Jahr 2000 wurde das Rad aus Erkelenz-Grambusch als Lieferfahrrad fürs Olympiagelände geordert. Kemper ist also nicht irgendein Fahrraddesigner, und seine ausgefallenen Fahrräder rollen durch Australien genauso wie in den Niederlanden und in Japan. Absolut kultiger Star ist das so genannte Pedersenrad. Für seine Rekonstruktion dieses bereits 100 Jahre alten Fahrradkonzeptes von Herrn Pedersen hat Michael Kemper mit seiner „Manufaktur für edle Velos" gleich mehrere Preise eingeheimst.

Das Modell „Filibus" – hier mit Kindersitz – war Kurierfahrrad der Olympiade in Sydney.

Kemper Fahrradtechnik
Rheinweg 70
41812 Erkel.-Grambusch
Tel.: 02431-77017
www.kemper-velo.de

So, das war's für heute. Zum Schluss hab' ich noch eine alte Mühle: die alte Mühle der Verabschiedung. Also Tschüüß und viel Spaß beim Nachwandern!

Tour 3, 16-km-Rundwanderung (Abk. 10-km-Runde): Bollenberg Molzmühle – Dorp – Wegberg – Tüschenbroich – Uevekoven – Beeck – Busch – Balkhoven – Bollenberg Molzmühle: Start 🅿 „Molzmühle" (Bollenberg); Schwalmbach überqueren und auf Uferweg links ab schwalmaufwärts **(A6)**; nach 1,5 km Grenzlandring L400 schräg links überqueren und gegenüber auf anderer Uferseite weiter nach Dorp **(A6, X10)**; von „Dorper Str." nach 200 m rechts ab „Im Ländchen" **(A6)**; nach Brücke auf Kiesweg links ab; vor Bahndamm links und über der Schwalm durch Tunnel rechts ab **(X)**; geradeaus vorbei an Burg Wegberg, Ententeich, Stadtpark; mit „Fußbachstr." nach links folgen **(A4)**; in „Bergstr." rechts ab **(A4)**; Grenzlandring überqueren; leicht rechts mit „Bergstr." geradeaus weiter **(A4, X)**; rechts ab in „Nachtigallenweg" (Schwalmbrücke); „Klinkumer Str." links ab nach Bissen; weiter „In Bissen" **(A4)**, links ab „Zur Bischofsmühle" **(A4, X)**; „Mühltalweg", „Klompenberg", „Zur Bockenmühle" **(A4, X)**; hinter Bockenmühle rechts ab **(A4, X)**; 1 km Waldweg; Landstr. überqueren und auf Waldweg weiter bis „Tüschenbroicher Mühle"; links in Wald weiter; auf nächsten Weg rechts ab zwischen Teichen weiter **(A5)**; auf breitem Weg links ab zur „Ullrichskapelle"; nach der Kapelle gleich links ab auf Fußweg; mit Brücke über Schwalm weiter bis Waldrand; Feldweg links ab bis Querweg; hier rechts ab und 2 km Feldweg geradeaus bis Uevekoven („Grobenweg"); im Ort Landstr. überqueren und geradeaus weiter „Am Wasserwerk" vorbei Ri. Beeck; nach 500 m Grenzlandring überqueren, geradeaus weiter bis Str. „In Gerichhausen" rechts ab (Abk. zurück nach Wegberg links ab und am Beecker Bach entlang!); nächste Mögl. links ab in Wald zum Beecker Bach; Uferweg rechts ab bachaufwärts; über „Am Haus Beeck" links ab und zum „Kirchplatz"; weiter über „Prämienstr.", links ab „Am Friedhof" bis Grenzlandring; überqueren und nächsten Weg links ab; am Wegekreuz links ab auf Wald zu; weiter bis Bahnübergang im Wald **(R)**; weiter mit Linkskurve und geradeaus bis Asphaltweg **(alles R)**; kreuzen und Waldrand entlang weiter bis Busch; am letzten Haus von Busch „Hospitalstr." rechts ab, an Buschmühle vorbei und direkt links ab in Waldweg (neben Einfahrt Betonwerk); links ab durch Balkhoven **(R)**, Landstr. überqueren; gegenüber mit Straße „In Bollenberg" zurück zur Molzmühle **(R)**.

Start ab Bahnhof Wegberg: vorm Bahnhof rechts ab und „Bahnhofstr." kreuzen; Park durchqueren (parallel zu Bahngleisen) bis Schwalm; hier links ab vorbei an Burg Wegberg ... Verlauf wie oben.

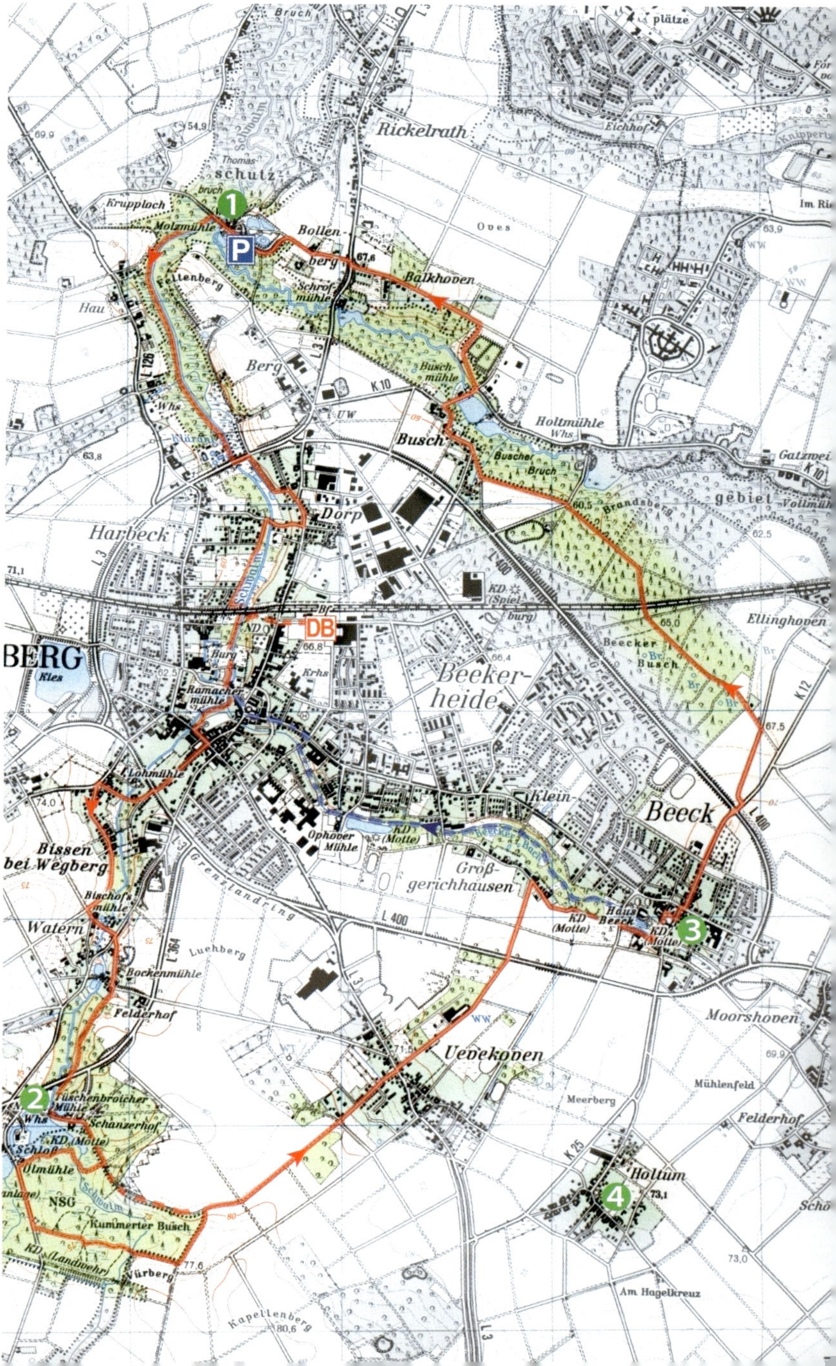
Rickelrath
Thomas-
schutz
Kruppploch
Molzmühle
Bollen-
berg
Oves
Balkhoven
Schrof-
mühle
Fellenberg
Hau
Berg
Busch-
mühle
K 10
UW
Holtmühle
Whs
Busch
Buscher
Bruch
Brandsberg
Dorp
Harbeck
Eichhof
Im Ri
gebiet
Gatzwei
Ellinghoven
DB
Burg
Krhs
Beeker-
heide
Beecker
Busch
BERG
Kies
Ramacher
mühle
Lohmühle
Klein-
Beeck
Bissen
bei Wegberg
Ophover
Mühle
KD
(Motte)
Groß-
gerichhausen
Haus
Beeck
Bischofs-
mühle
Watern
Grenzlandring
L 400
Luehberg
Bockenmühle
Felderhof
Moorshoven
Uevekoven
Mühlenfeld
Meerberg
Felderhof
Tüschenbroicher
Mühle
Whs
Schanzerhof
Schloß
Ölmühle
NSG
Kummerter Busch
KD (Landwehr)
Vürberg
Holtum
Am Hagelkreuz
Kapellenberg
80,6
L 3
L 126
L 364
K 12
K 25

TOUR 4: DÜNNWALD

Damwild in Dünnwald

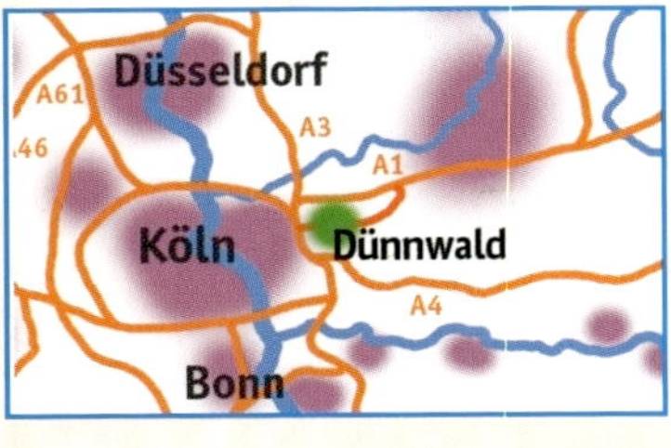

Hin: *10 km nordl. von Köln; A3 AS Leverkusen, Willy-Brandt-Ring Ri. Schlebusch; in Schlebusch rechts ab B51 bis Dünnwald; KVB Linie 4 Haltestelle „Odenthaler Str.“.*
Weg: *11 km leichte wild-, wald- und lehrreiche Rundwanderung mit Schulbeispielen für Mensch und Hund, für Waltraud und Waldi.*

Köln finden wir leicht, indem wir irgendwo in der Mitte zwischen den Städten Bonn und Düsseldorf einen breiten Fluss mit dem Namen Rhein suchen, denn der Rhein liegt bei Köln. Sogar genau dazwischen. Paul und ich besuchen heute Dünnwald, den nördlichsten Kölner Stadtteil auf der schäl Sick.

Bis zum Jahr 1802 bestand das Dorf Dünnwald aus gerade einmal 80 Häusern, weniger als 580 Menschen und einigen Tieren, und alle lebten vom Kloster, fürs Kloster oder im Kloster Dünnwald. Dem Prämonstratenserorden gehörten der Wald, die Felder, die Schule, auch

die Mühle und sogar das einzige Wirtshaus, weil nur die Nonnen des Klosters Wein ausschenken durften. So war das in Dünnwald schon seit einigen Jahrhunderten, genauer gesagt seit dem Jahr 1118, als ein gewisser Ritter Heidenreich hier im Wald während einer Pilgerfahrt überfallen wurde und sich wehrlos, da ausnahmsweise einmal unbewaffnet, in eine Waldkapelle zu retten versuchte. Trotzdem wäre der arme Ritter sogar am Fuße des Altars fast ermordet worden, wenn nicht das Schwert des Räubers an einem Nagel des gekreuzigten Jesus hängengeblieben, zerbrochen und von einer Hand Christi festgehalten worden wäre. Welch' wundersame Rettung und spannende Geschichte, dachte sich der literarisch begabte Heidenreich und gründete an dieser Stelle Kirche und Kloster mit einer schönen Legende dazu.

Auf der grünen Wiese vor Dünnwald steht seit dem 12. Jahrhundert das Prämonstratenserinnenkloster. 1

Nach der Auflösung aller Klöster im Jahr 1802 richtete sich hier im Dünnwalder Stift die erste chemische Fabrik ein. Weitere sollten bald folgen. Der so genannte „Hornpott", den wir gegen Ende unserer Wanderung streifen werden, war ein richtiges kleines Dünnwalder Industriegebiet. Aber irgendwie scheint die Chemie nicht ganz gestimmt zu haben, denn der Hornpott ist heute die pure Idylle, ganz im Gegensatz zum Nachbarn Leverkusen mit Bayer, inzwischen dem Hauptarbeitgeber der über 11.000 Dünnwalder. Das alte Kloster und die St. Nikolauskirche leuchten immer noch so rein und weiß auf der Wiese am Ortsrand, als ob nichts geschehen wäre. Der verwaiste Nordturm scheint seinen Zwilling Südturm gar nicht groß zu vermissen. Auch die Hochzeitsfotografen mit den dazugehörigen Gesellschaften passen ganz gut ins Bild vom quirligen Dünnwald.

Im und am Mutzbach, der mitten durch Dünnwald plätschert.

„Paul, gleich geht's los!" Wir sind mit der Kölner Straßenbahnlinie 4 mitten nach Dünnwald hinein gerollt und dann von der Haltestelle „Leuchterstraße" aus durch die Straßen bis zum Waldrand gelaufen. Und

2 *Auch diese echten Kölner stehen zusammen, in Rotten und Rudeln.*

kaum sehen wir keine Häuser mehr, da wird Dünnwald ganz wild: Axishirsch, Sikahirsch, Dybowskihirsch – klingt ja wie auf einer Familienfeier bei Hirschs –, aber auch Wisente, Damwild und Wildschweine tummelt sich in Rudeln und Rotten seit 1956 auf Kölner Stadtgebiet. Zum richtigen Wildpark gehört auch ein Wildbach. Den spielt hier der muntere Mutzbach, worüber sich nicht nur wir, sondern auch die brückenbauenden Anwohner des Parks freuen. Paul und ich wandern durch ein Naherholungsgebiet und fühlen uns schon ganz nah erholt, dabei geht's ja erst los. Gleich streifen wir auch noch das beliebte und herrlich ruhig gelegene Dünnwalder Waldschwimmbad, das nach dem Ersten Weltkrieg aus einem Bombentrichter entstanden ist. In guten alten Zeiten füllte der Mutzbach die Becken, in der heutigen noch besseren Zeit sammelt man hier klares und kaltes Wasser aus eigener Quelle. Damit man im erfrischenden Waldschwimmbad aber keine Erkältung bekommt, wird das Wasser bis auf 25 Grad „erhitzt".

Unter Bäumen wandern wir weiter, überqueren, nachdem wir zwei schöne Holzbrücken verschmäht hatten, endlich den Bach. Der Nadelwald rückt ein bisschen heran, aber nicht für lange. Als Paul und ich die Autostraße überquert haben, erreichen wir – jetzt nicht mehr in Köln, sondern auf Bergisch Gladbacher Stadtgebiet – eine große Lichtung. Wir sagen den Pferdchen auf ihren Koppeln „Hallo" und „Tschüß" und merken an den Ausflüglern, von denen es jetzt ein paar mehr werden: Wir sind hier daheim und unterwegs. Hinter dem ehemaligen Landgut an der Mühle, zu der alle streben, treffen wir auch unseren Mutzbach wieder, der jetzt Mühlbach heißt. Wir sind an der nicht nur bei Kölnern berühmten „Diepeschrather Mühle" angekommen, ein traditionelles Ausflugslokal auf dem Lande für die Stadtmenschen drumherum.

Hier lebt auch der seltene und einmalige Wildhund. „Canis Paulum".

Waldrestaurant + Café
„Diepeschrather Mühle"
Diepeschrath 2
51469 Berg. Gladbach
Tel.: 02202-28288-0
www.diepeschrather-muehle.de
Ö: Di-Sa 11.30-23.30,
So ab 11 Uhr, Mo zu.

So frisch wie hier die Kuchen und Waffeln auf die Tische kommen, so alt ist die „Diepeschrather Mühle" selbst. Während ihrer 350-jährigen Geschichte wurden viele Getreidesorten und Senfkörner gemahlen, Bergisches Landbrot gebacken und diverse selbst gebrannte Schnäpse an die vorüberkommenden Wanderer ausgeschenkt. Vor hundert Jahren allerdings war von der völlig niedergebrannten Mühle nix mehr übrig, die Wanderer aus Köln mussten sich mit einer primitiven Limonadenbude begnügen. Aber nicht allzu lange, denn 1923 kam hier zufällig ein Dachdeckermeister vorbei, und auf dem Foto von 1928 bestaunt man bereits eine neue große Waldschenke, die gleiche, vor der wir heute stehen. Und Konrad Adenauer sehen wir auch im schattigen Gartenlokal sitzen, Kölsch aus Pilsgläsern schlürfend. Die Havanna-Torte – das Rezept stammt noch aus der Zeit vor Fidel Castro – gibt es unverändert seit 1924. Immer frisch, versteht sich. Paul mag ja am liebsten Sandkuchen. Sandkuchen? Da fällt mir ein, dass wir hier die meiste Zeit über helle Sandwege gewandert sind, aber woher kommt nur der ganze Sand? Wir bestellen also Vanilleeis und Sandkuchen und spielen schnell mal die Erdgeschichte nach: Kurz nach dem Ende der Eiszeit, nachdem die Eisschicht weggeschmolzen war, pustete ein kräftiger Wind den vom schweren Eis kleingemahlenen und jetzt offen daliegenden trockenen Sandkuchen in der ganzen Gegend umher. Bis er sich an irgendwelchen Kanten ansammelte und zu richtigen Dünen anwuchs. Solche Sanddünen umrahmen bis heute den ganzen Dünnwald, der nicht umsonst so heißt. Viele Tonnen Sand liegen übrigens auch auf dem riesig beliebten Spiel- und Tummelplatz im Wald direkt gegenüber der Mühle und lassen im Sommer hunderte Kinderherzen höher schaukeln und im Winter einen dollen Rodelhang mit Steilkurven runtersausen.

Mediterrane Vorspeisenvariation m. marinierten Gemüsen 8,20 €
für Kinder: Schnitzel mit Pommes Frites 5 €

Viel Sand und Getriebe auf dem riesigen Spielplatz gegenüber der Mühle.

Im märchenhaften Dünnwald leben vereinzelt noch verzauberte Prinzen.

Mit der eiszeitlichen Mahlzeit im Magen wandern wir gestärkt das kleine Stück bis zum Wald zurück und dann weiter nordostwärts so richtig in den Bergisch Gladbacher Stadtwald hinein. Die feuchten Tümpel mal rechts, mal links, lassen uns ahnen, dass einige für das Rheinland sehr seltene Tier- und Pflanzenarten hier in den großstädtischen Wäldern ganz besondere Lebensbedingungen vorfinden. An den nassen Gräben und Mulden wachsen Schwertlilien, Sumpfdotterblumen und – sehr beruhigend – der Sumpfbaldrian. Dazwischen flattern Libellen und Eisvögel übers Wasser, und wenn's dämmert, ruft die Waldohreule zur Mäusejagd. Auf den sandigeren und trockeneren Böden dagegen haben sich Heidepflanzen und Trockengräser ausgebreitet und Vogelarten wie Schwarzkehlchen oder Flussregenpfeifer angelockt.

Unser Waldwanderweg bringt uns sanft und gemütlich bergauf, bis vor Paffrath, da verlassen wir den Wald und laufen unter freiem Himmel weiter. An der belebten Straße entlang sind's wirklich nur fünf Minuten bis Katterbach, wo wir zur Schule gehen wollen. Was, zur Schule, da kommen wir doch viel zu spät! Keine Sorge, für den NixWieHinweis sind wir ganz pünktlich.

Können Sie lesen, was der Herr Lehrer da an die Tafel geschrieben hat? Auflösung: Schwalbe

Der NixWieHinweis

Unser Lehrer heißt Herr Cüppers, und der bringt uns großen und kleinen Kindern bei, wie es zu Kaisers Zeiten in der Dorfschule zuging. Und das in einem original historisch ausgestatteten Klassenzimmer auf sehr strenge und gar nicht museale realistische Weise. Ich habe Sie gewarnt! Wie gut, dass es bei uns in der Schule anders zuging und heute zugeht. Schule „spielen" wie in alten Zeiten bei einem Lehrer mit echtem „Vatermörder" ist ein richtiger Renner. Seine Unterrichtsstunden schwänzt keiner, die sind für alle, besonders für Gruppen, ein Riesenspaß. Man lernt, dass der schiefe Turm in Pisa steht und singt am Ende jeder Stunde dann noch dem Kaiser zu Ehren ein Lied. Dabei wird die ganze Klasse auf dem Harmonium von Carl Cüppers begleitet. Der kennt sich mit Schule bestens aus, noch als Schulrat hatte er dabei zusehen müssen, wie eine Dorfschule nach der anderen geschlossen wurde. Und damit diese Schulzeiten nicht völlig vergessen würden, begann er irgendwann, alte Schul- und Schülerrequisiten zu verwahren und zu archivieren. Herausgekommen ist eine der größten Schulgeschichtlichen Sammlungen in Nordrhein-Westfalen. Aber psst! Ich darf im Unterricht nicht so viel schwätzen, und aufgepasst hab' ich jetzt auch nicht. Tja, genau wie in meinen alten Zeiten...

Schulmuseum Katterbach
Sammlung Cüppers
Kempener Str. 187
51467 Berg. Gladbach
Tel.: 02202-84247

4

Führungen u. „historischer" Unterricht unter Tel.: 02202-55519
Ö: Mo-Fr 10-13,
So 11-17 Uhr,
in Schulferien zu (ist ja logisch!)

Schule aus! Wir wandern weiter und tauchen zwei Sträßchen später richtig ab und in den Dünnwalder Wald ein. Dort haben wir genügend Zeit noch mal in Ruhe über das Erlebte nachzudenken. „Paul, erzähl' doch mal, wie war's in der Hundeschule? Musstest du auch so viel lernen?" Ja, Wege erschnüffeln, zum Beispiel. Und das kann mein Paul! Quer durch den Wald, über kleine Schluchten und Fluchten, breitere Wege, schmalere Pfade, eine kleine Waldrallye ist das, bis wir an der Waldsiedlung von Schlebusch wieder herauskommen; auf Höhe der Endhaltestelle unserer Straßenbahnlinie 4. Wir wollen aber noch nicht einsteigen und zurückfahren, wir möchten auf der anderen Straßenseite im Wald weiterlaufen. Dort wartet der sagenhafte Hornpott auf uns.

Waldwasserläufer, Flussuferläufer, Dauerläufer – der Lauftreff am Hornpottsee.

Der Hornpott besteht aus Wald, einer ehemaligen Kiesgrube und aus einer früheren Arbeitersiedlung. Kommen wir zuerst zum Hornpottsee. Der taucht auch schon im Wald vor uns auf, und wir schlagen uns direkt nach links in die Büsche auf den Weg am Grubenrand entlang; hier sind die be-

5 *Falls Sie an der Hornpottgrube seltene Vogelarten beobachten sollten, bitte sofort melden an Tel.: 0214-67499, ab 19 Uhr*

sten Aussichtsstellen auf den See. Aussicht worauf? Die Kiesgrube hat sich unter seltenen Tieren aus ganz Europa, vor allem gefiederten, herumgesprochen. Und im Herbst kann man Dutzende von Fischreihern beim Fischfang beobachten, mit viel Glück im Frühjahr und im Herbst sogar den Fischadler, der hier, wie die Kraniche, regelmäßig auf der Durchreise Rast macht. Im Sommer lärmen an der Sonnenseite die Heuschrecken so laut, dass man die klopfenden Spechte kaum noch hört. Über 118 zum Teil gefährdete Vogelarten wurden im Hornpottsee bisher beobachtet. Der Vogelschutzbund Köln und Leverkusen betreut hier eines der hochrangigsten Naturschutzgebiete im Rheinland.

Fast alles im Hornpott steht entweder unter Natur- oder unter Denkmalschutz. Auch die Herzhäuschen.

Weiter durch den Wald in Richtung Süden kommen wir schnurstracks über den verwitterten Hornpottweg auf die Straße zum Kunstfeld, dem eigentliche Hornpott, sozusagen einem frühen Dünnwalder Kohlenpott. Irgendwann muss hier auch einmal Horn verarbeitet worden sein, zuvor allerdings wurde im Jahr 1820 hier in einer Fabrik „Berliner Blau", Soda und Salmiak produziert, lauter künstliche Erzeugnisse, daher wohl die offizielle Adresse „Am Kunstfeld". Also eher keine Künstler unter den 164 Menschen, die hier in besonders schönen alten Häusern wohnen. Mitten dazwischen haben wir dann auch noch ein ganz idyllisches Gasthaus entdeckt, und damit würden wir gerne sagen: Zeit fürs Wanderfilet.

WANDERFILET

Restaurant „Waldschänke"

Das Restaurant „Waldschänke" in der Dünnwalder Hornpottsiedlung ist nicht ganz einfach zu finden. Das heißt, das Lokal schon, die Siedlung nicht. Suchen lohnt sich aber. Damals als Paul und ich die schmucke Waldschenke entdeckten, gehörte sie dem charmanten Ehepaar Schmuck aus Österreich. Feinste und echte Wiener Schnitzel in einem lauschigen Biergarten! Gut, dass Essen in Dünnwald nicht dick macht, dachte ich noch … Schade nur, dass die Schmucks mit dem Lokal nach Wipperfürth weggezogen sind; die Nachfolger aber waren wohl auch nicht zu verachten, doch die haben seit März 2004 geschlossen. Ich bin mir sicher, dass bald der nächste ambitionierte Wirt hier einzieht und das schöne Lokal weiterführt. Also am besten vorher mal nach der Waldschänke fragen!

Restaurant „Waldschänke"
Am Kunstfeld 41
Tel.: 0221-6085558

6

hat hoffentlich bald wieder auf …

Paul und ich brauchen nicht mehr weit zu wandern. Ein letztes Mal geht es durch den Dünnwalder Wald und an der Berliner Straße zur Straßenbahnhaltestelle der Linie 4.

Das war's, ganz schön dick aus Dünnwald und drumherum. Für Paul und mich als Innenstadt-Kölner war's auf jeden Fall eine echte Überraschung. Ein Muss für Kölner und auch für alle anderen, die keine Kölner sind und auch nie werden wollen. Viel Spaß dabei!

brand
Dünnwalder Wald
NSG
Kunstfeld
B51
Dünnwald
Kölner Stadtwald
Wild-park
Bad
NSG
Katzenberg
Propbusch
Kies
Hardt
L 101
K5

Tour 4, *11-km-Rundwanderung: Dünnwald (Köln) – Wildpark – Diepeschrath – Katterberg – Waldsiedlung – Hornpott (Kunstfeld) – Dünnwald:* Start Dünnwald **H** „Odenthaler Str." der KVB Linie 4 bzw. großer P „Berliner Str." (B51) Höhe Ampel Ortseingang Dünnwald; „Odenthaler Str." bis rechts ab „Dünnwalder Mauspfad"; an Ecke „An der Walkmühle" auf Fußweg in den Wald mit Brücke; auf Weg am Mutzbach entlang durch den Wildpark; an Wisentgehege links ab; weiter am Bach entlang vorbei an Brücke zum Camping und Waldschwimmbad (Bach nicht überqueren!); weiter im Wald und nächsten Weg links ab (parallel zum Bach); auf größeren Weg links ab und endlich Mutzbach überqueren; weiter im Wald bis schmale Asphaltstr.; überqueren und geradeaus weiter zwischen Pferdekoppeln; Abstecher: am Waldrand rechts halten bis „Diepeschrather Mühle"; von Mühle wieder zurück im Wald auf breiteren Weg rechts ab mit **(Winkel 7)**; Waldweg hinauf vorbei an 2 Schutzhütten bis Waldrand; weiter durch Wohnsiedlung bis Hauptstr. „Kempener Str."; hier links ab „Kempener Str." folgen; nach 5 Min. links Schulen und Schulmuseum Katterbach; hinter Museum links ab „Im Scheurenfeld"; links ab „Katterbachstr."; rechts ab in ruhige Wohnstr. „Am Katterbach"; unten in Linkskurve (vor gelbem Wohnblock) rechts ab an Zaun entlang auf Fußweg in Wald; „Altenberger-Dom-Str." überqueren und gegenüber „Am Klutstein" geradeaus weiter; in Wald hinein und auf schmalem Weg geradeaus entlang an Privatgelände; im Wald direkt nach Brücke links ab mit **(A1)**; durch den Dünnwalder Wald mit **(A1, Dreieck)** bis Waldsiedlung; links hinunter zu Straßenbahnhaltestelle mit Bundesstraße; überqueren und geradeaus an „P+R" vorbei in Wald hinein; im Wald vor Baggersee (Hornpottsee) schmalen Waldweg links ab; vorbei an 2 Aussichtspunkten; weiter rechts um See herum bis ca. Mitte; dann links ab auf Waldweg geradeaus bis Siedlung „Am Kunstfeld" (Hornpott); gegenüber Mitte Kunstfeld schräg links ab auf Waldweg; geradeaus bis „Kunstfelder Str."; links ab, Bundesstraße „Berliner Str." überqueren (P links gegenüber) und mit „Odenthaler Str." zum **H** Linie 4 und Start.

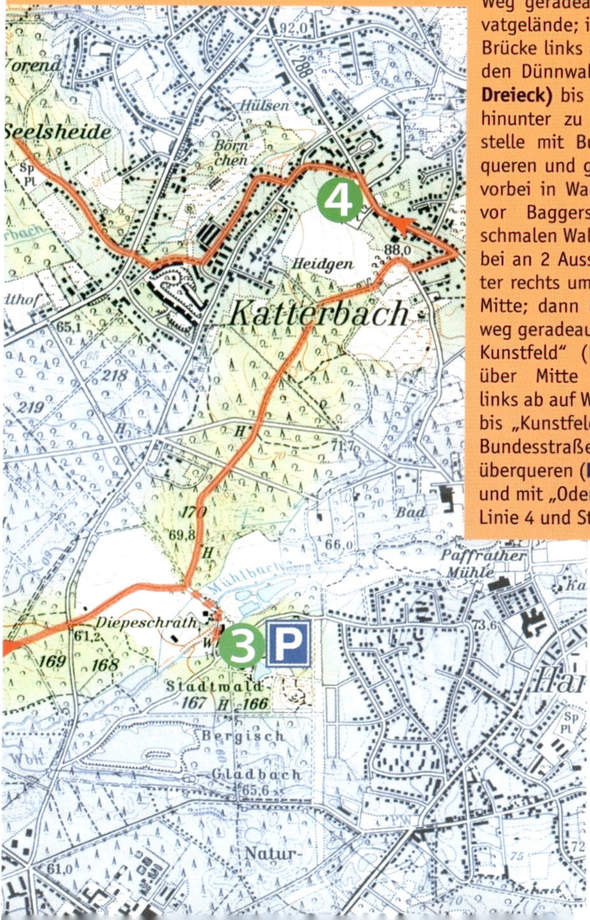

TOUR 5: LANGENBERG

Nix wie hin!

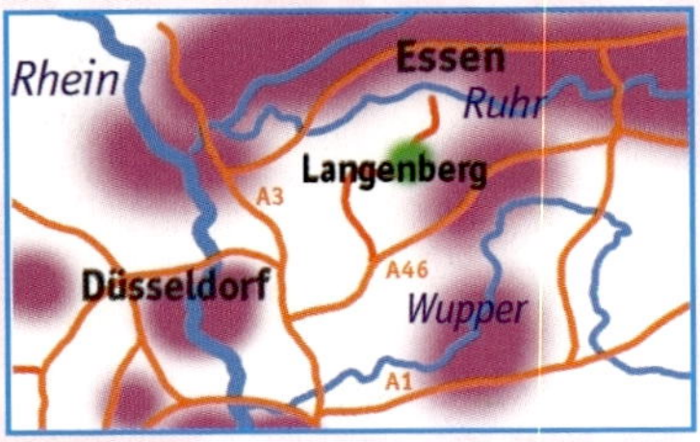

Hin: *12 km nördl. von Wuppertal und südl. von Essen; A46 ab Sonnborner Kreuz Richtung Velbert B224, AS V.-Tönisheide, rechts ab Ri. Langenberg; DB Bhf. Velb.-Langenberg.*
Weg: *16 km (12 km, 6 km) biologisch ablaufbare traumhafte Rundwanderung mit viel Weitblick, Wind und festen Wegen.*

Der Deilbach teilt in Langenberg die Rheinländer von den Westfalen. 24 Stunden täglich.

Das Städtchen Langenberg gehört heute zu Velbert und liegt noch gerade so in unserem wohl bekannten Bergischen Land, ungefähr in der Mitte zwischen Essen und Wuppertal oder zwischen Ruhr und Wupper, wenn man's flüssiger sagen möchte.

Flüssig geht's auch weiter: Durch Langenberg hindurch fließt nämlich der Deilbach, und der heißt nicht nur so, er teilt auch schon seit ewigen Zeiten Völker und Länder: ganz früher Franken und Sachsen, später die Grafschaft Mark und das Herzogtum Berg, heute Rheinland und Westfalen. Paul und ich bleiben erst einmal im rheinischen Langenberg, denn da ist auch die schnuckelige Altstadt, ein echt bergischer Genuss.

In jeder Hinsicht: viel Schiefer und grüne Schlagläden, bergisches Rokoko und romantisches Fachwerk.

Um das Jahr 1900 hießen die drei wohlhabendsten Städte im deutschen Kaiserreich Potsdam, Bad Godesberg und...? – Langenberg! Kaum zu glauben. Das kam damals durch die reichen Seidenfabrikanten. Bis zu 13 Millionäre sollen sich um 1912 unter den Textilindustriellen getummelt haben. 1840 entwickelte man in Langenberg ein Patent, Qualität und Gewicht der Rohseide durch metallische Beimengungen zu erhöhen. Der Grundstock für Langenbergs steile Karriere in der Seidenwelt war gelegt. Die Langenberger Seidenindustrie bestand in ihren besten Zeiten zwischen 1888 und 1914 aus immerhin 69 Textilbetrieben. Bis zu 2.000 Arbeiter saßen an über 600 ratternden Web- und Bandwebstühlen. Werktags war von erholsamer Ruhe im stillen Städtchen also keine Rede, die Bergische Tuchindustrie lief auf vollen Touren.

Wenn abends die Webstühle langsam zum Stillstand kamen, zogen die Langenberger los: damals wie heute ins prächtige Bürgerhaus Langenberg, das die Textilfabrikanten Adalbert und Sophie Colsmann im Jahr 1913 den Langenberger Bürgern stifteten. Steigerung von Burghaus? Bürgerhaus. Konzert- und Theaterhaus von Langenberg. „Zur guten Unterhaltung und edlen Erholung", wie es damals hieß, als es noch kein Fernsehen gab. Gute Unterhaltung und edle Erholung ist hier auch heute noch angesagt. Das Bürgerhaus ist hervorragend ausgestattet und hat einen regelrechten Konzert- und Theaterspielplan. Im Obergeschoss ist übrigens ein kleines Heimatmuseum zur Seidenwebereigeschichte eingerichtet.

1

Bürgerhaus Langenberg
Hauptstr. 64
42555 Langenberg
Tel.: 02052-912237

Aber auch Lesen ist offensichtlich eine Leidenschaft der Langenberger. Woher kommen denn sonst all die

Langenberg scheint ja die Stadt der Leseratten zu sein?!

Buchläden, auf die wir hier an jeder Ecke gleich zweimal stoßen? „Wir sind ja auch Bücherstadt!", ruft mir da eine Passantin zu, die mein Fragezeichen über dem Kopf gesehen hat. „Bücherstadt? Wie wird man das denn?" Da frage ich genau die Richtige, denn Isolde Marx gehört zum „Arbeitskreis Bücherstadt Langenberg". Der hatte aus Sorge um die aussterbende Altstadt die Idee, leer stehende Läden anzumieten und dann Buchhändlern für Antiquariate zur Verfügung zu stellen. Uralte Schinken, echte Schätze, Raritäten bis zu 5.000 € teuer, auch Kuriositäten und Schund, einfach alles, was zwischen zwei Buchdeckel passt, lässt sich hier in der Altstadt auftreiben. Ich habe zum Beispiel eine in Blindenschrift geschriebene Bibel entdeckt, und auch Paul hat was für seinen Geschmack gefunden. Raten Sie mal was! Das Beste für uns Ausflügler ist: Alle Buchläden sind auch an Sonn- und Feiertagen geöffnet. Und dann gibt es noch den Euroladen. Hier kann jedermann und jedefrau aussortierte Bücher hineinbringen und einfach abstellen. Die werden dann von Isolde Marx und den anderen unsortiert ins Regal geräumt und kosten entweder 1, 2 oder 3 €. Und da es keinen gibt, der kassiert, wirft man das passende Geld in die Kasse. Tolle Idee. Ich habe immer wieder ein paar Wanderland-Bücher im Laden versteckt, und bin gespannt, ob die jemand von Ihnen findet ...

Isolde Marx vom „Arbeitskreis Bücherstadt Langenberg" erklärt mir, was hier los ist und warum sie Bücherstapel durch die Altstadt schleppt.

Vergessen Sie nicht, sich unbedingt noch all die wunderschönen alten Häuser, teils aus dem 16. Jahrhundert, anzuschauen und alle Treppen und Treppchen dazwischen einmal abzulaufen: das barocke Hotel Rosenhaus beispielsweise und gegenüber die alte evangelische Kirche mit ihrer einmalig schönen geschnitzten Kanzel aus Holz.

Noch eine Langenberger Kirche muss ich erklären. Bei dieser steht das ev. nicht mehr für evangelisch, sondern für Event. Die Kirche an der Donnerstraße stand 15 Jahre lang leer und wurde nur dadurch vorm Abriss gerettet, dass ein Verein sie kürzlich zur so genannten Event-Kirche umfunktionierte. Die ganze Kirche ist also zu mieten, für Vorträge, Diaschauen, Präsentationen, für Hochzeiten oder was einem sonst noch einfällt. „Was Paul? Für eine Hundeschau? Vielleicht. Müsste ich fragen."

„Bücherstadt Langenberg"
Kreiersippe 1
42555 Velb.-Langenberg
Tel.: 02052-927765
www.Buecherstadt Langenberg.de

So, wenn's noch nicht dunkel geworden ist, dann wird's jetzt aber Zeit zum Umblättern und dem süßen Bücherstädtchen „Adieu" zu sagen. Wir wollen endlich in die grünen Berge steigen. Unsere Wanderung führt mit dem Langenberger Rundweg auf den vor uns liegenden Hordtberg hinauf. Dabei spazieren wir an Texas – Texas? Ja Texas! – vorbei und im Wald den Berg hinauf zum Bismarckturm, den wir nicht unerwähnt lassen wollen. Schließlich steht er Tag und Nacht hier oben und genießt zusammen mit seinen Besuchern den langen bergischen Blick auf Langenberg! Das Ausflugslokal am Turm wurde gerade frisch renoviert und sollte inzwischen wieder geöffnet sein. Hier oben kann man sich für die kommende Tour entweder im Lokal stärken oder auf dem großen Spielplatz schwächen.

Nahe dem Bismarckturm steht der weithin sichtbare und bekannte Langenberger Sender. Seit 1929 wird von hier rundgefunkt. Dieser weißrote Turm mit seinen imposanten Ausmaßen ist die größte Sendeanlage des WDR. Mit unglaublichen 301 Metern Höhe zerkratzt der Sendemast den blauen Himmel und ist damit 1 Meter höher als der Eiffelturm.

Von Bücherstadt zur „Senderstadt Langenberg". Da oben steht der Sendemast, und da gehen wir jetzt hin.

Helmut Runge ist einer der Sendetechniker und führt

2 *Bismarckturm*
Turmbesteigung:
11.30-22 Uhr,
Eintritt: 50 Cent
Café Restaurant
„Am Bismarckturm"
Hordtstr. 18
42555 Velb.-Langenberg
Tel.: 02052-5143

technikbegeisterte Besucher gerne durch die eindrucksvollen und gut gesicherten Innereien der Anlage. Man kann nicht nur gut fernsehen mit so einem Sendemast, sondern vor allem auch fernhören: Radioempfang bis an die Nordsee. 100 Kilowatt Sendeleistung entsprechen ziemlich genau 100.000 Handys. Gut, dass man die nicht alle hört. Ich bin sowieso kein Elektronikfreak. Ich hör' und schau' mir lieber die schönen Sendungen an.

Der 301 Meter hohe Langenberger Sender und zum Vergleich der Kölner Dom. Der hat „nur" 157 Meter, aber auch eine tolle Ausstrahlung.

Sagte ich schon, dass Paul und ich heute unterwegs sind in der so genannten Elfringhauser Schweiz? Die trägt ihren Namen zu Recht, wie wir heute sehen werden. Schöne Berge, Täler, Wiesen, Kühe und Höfe, ganz wie in der Schweiz. Und sogar einen Skilift gibt es hier, den einzigen Skilift des Ruhrgebiets. Die Berge der Elfringhauser Schweiz sind die nördlichsten Ausläufer des geografischen Bergischen Landes, denn was nördlich und östlich des Deilbachs liegt, gehört politisch zu Westfalen, in diesem Fall zum Ruhrgebiet. Die Menschen, die dort leben und arbeiten, kommen immer liebend gerne hierher, um sich auf den Höhen zu erholen und frische Luft zu schnappen.

Unser Weg führt schon eine ganze Weile über genau diese frischen Höhen, mit herrlichen Aussichten mal nach links und mal nach rechts, mal ins Felderbachtal, mal übers Deilbachtal. Das entschädigt auch für den Umstand, dass die Straße auf dem Höhenzug entlang asphaltiert ist. Allerdings kaum befahren: Zwei, drei Trecker und ein Mofa stören die Ruhe, was anderes ist hier auch gar nicht erlaubt. Grünthals Kotten, Buschmanns Kotten, Poetmanns Kotten, auf den Namen Kotten sind wir ja auch auf unserer bergischen Tour nach Solingen gestoßen. Dort hießen die kleinen Hausbetriebe der Messerschleifer so, hier sind das hauptsächlich Bandwebereien, die früher mit ihren ratternden Band-

„Und was passiert, wenn ich auf diesen Knopf drücke?"

webstühlen die Elfringhauser Schweiz erzittern ließen. Ein kleiner Umweg nach links hinunter ins Felderbachtal würde uns rasch zum Bandwebereimuseum Elfringhausen bringen. Mehr dazu im NixWieHinweis.

Unser Wanderweg durch die Schweiz, ohne Käse.

Paul und ich schauen nach rechts in die Ferne und auf der kahlen Anhöhe sehen wir unser übernächstes Ziel, dem wir allmählich näherkommen: die Windrather Kapelle über dem Windrather Tal. „Ach, das heißt hier tatsächlich auch so. Wegen der vielen Windräder, die sich hier drehen!", wollten wir gerade feststellen. Doch da kommt ein großes ABER aus dem Mund von Bauer Weiligmann vom Schepershof. Der muss es nämlich wissen, denn auf dem Schepershof rotiert eines der ältesten Windräder der ganzen Gegend. „Eigentlich war die Geschichte genau umgekehrt", erzählt uns Weiligmann inmitten Hühnergegacker und Kuhblöken, „der Name Windrath hat uns erst auf die Idee gebracht, hier ein Windrad aufzustellen und damit den Strom für unseren Hof zu erzeugen." Aha! Der Name Windrath, und das haben Paul und ich dann noch herausgefunden, soll schon seit dem Jahr 800 hier herumwehen. Wind und Rath bezeichnen eine windige Stelle, an der zu Besiedlungszwecken Wald gerodet wurde; so einfach ist das.

Windig ist es hier offenbar heute noch, die großen Propeller rings ums Tal machen eine Menge Bio-Strom. Apropos: Auch der Schepershof macht alles in Bio. Er erntet nicht nur Wind und damit sauberen Strom, sondern wirtschaftet auch biologisch-dynamisch. Damit ist er nicht allein. Im Windrather Tal gibt es noch 5 weitere Bio-Höfe. Jeder Hof hat einen anderen Schwerpunkt, wie etwa Gemüseanbau, Viehzucht, Schafhaltung oder die Rohmilchkäseproduktion. Einige betreiben Ho-

Auf dem Schepershof im Windrather Tal wird sogar Wind geerntet.

Bio-Höfe mit Hofladen im Windrather Tal:

3 *„Schepershof" Käserei, Windrad Tel.: 02053-2306*

4 *„Hof zur Hellen" Schlachthof, Hofcafé, Bergkäse, Rothirsche Tel.: 02053-3239*

4 *„Hof Judt" Steinofenbrot Tel.: 02053-3236*

„Örk-Hof" Gemüse, Obst, Kräuter Tel.: 02052-7207

fläden, in denen wir uns praktischerweise mit Proviant für den Heimweg eindecken können. Noch besser: man setzt sich an einen der rausgestellten Tische und nimmt direkt am Hof einen Bio-Imbiss, quasi direkt vom Erzeuger. Unser Wanderweg kreuzt die Windrather Straße genau zwischen zweien solcher Höfe: dem Hof Judt, hier gibt's freitags frisches Steinofenbrot aus dem urigen Backhaus, und am Hof zur Hellen mit dem weit und breit einzigen Gruyère aus biologischer Rohmilch von ausschließlich (!) Heu futternden Kühen! Wir wünschen schöne Pause und guten Appetit!

Hinterm Hof zur Hellen führt unser Wanderweg durch eine wunderbare alte Allee. Hier lässt sich auch ein echter Rothirsch von uns durch den Zaun hindurch streicheln, solange, bis Paul eifersüchtig wird und zum Weitergehen bellt. Wir laufen hinauf zum Windrather Hof, eine der ältesten Siedlungen im Bergischen überhaupt. Paul und ich staunen über die urige und höchst malerische Windrather Kapelle.

Das wird ja immer schöner! Paul regt sich richtig auf, so holprig und stolprig geht es zwischen den Wiesen hinunter und nachher an der Fichtenschonung entlang. Auch unser Wanderweg geht seine eigenen Wege und wird immer biologisch-dynamischer; ein echter Kontrast gegen die Wege zu Beginn unserer Tour. Herrliche ruhige Pfade führen uns an Fischteichen und am für heute letzten Bio-Hof, dem Örk-Hof mit Hofladen, vorbei wieder hinunter zum Deilbach, dem Paul und ich dann rechtsdeilbachisch nach Langenberg zurück folgen.

5 *Seit 1.000 Jahren steht die Windrather Kapelle an dieser Stelle, ein romantischer Ort zum Heiraten übrigens.*

Wer abschließend ein Bad nehmen möchte, im Nizzatal streifen wir noch das beliebte Nizzabad, das – wie der Name schon sagt – mitten in Südfrankreich liegt und zu Mont de longue gehört. „Paul, hast Du eigentlich meinen Badeanzug?"

Der NixWieHinweis I

Warnung: In der Elfringhauser Schweiz rund um Langenberg kann es unterwegs zu Begegnungen der besonderen Fortbewegungsart kommen. Und das geht so: Kaum hört man ein leises Surren, da braust auch schon ein Ufo im extremen Tiefflug vorbei. Kenner werden sofort beruhigen: „Ah, ein Leichtelektromobil!" Ich aber hatte so etwas noch nie gesehen: ein Dreirad mit windschnittiger Vollverkleidung, und drinnen sitzt – auf Augenhöhe von Paul – ein Fahrer oder Pilot, kann man fast sagen. In diesem Fall war es Dr. Andreas Schröer, der hier ganz schön flott, an uns vorüberzischte, dann aber, weil ich so erschrocken guckte, bremste und mich zu einer kleinen Probefahrt mitnahm. Das Fahrzeug heißt Twike und fährt mit Batteriestrom, 85 Stundenkilometer schnell und 70 Kilometer weit. Dann muss an der normalen Steckdose 90 Minuten lang aufgetankt werden. Für 50 Euro am Tag kann jedermann (Führerschein natürlich vorausgesetzt) das tolle Mobil im Twike Center von Herrn Schröer mieten oder gleich kaufen. Damit summen dann bis zu 2 Personen von Langenberg aus computergesteuert und elektrisiert, mit 336 Volt Batterien unterm Hintern durch die Bergische Schweiz. Und tanken womöglich auch noch unterwegs am Schepershof frischen Bio-Strom vom Windrad!? Genial, oder? Und genauso bio wie dynamisch.

Twike Center
Tel.: 01805-463463
www.twike.de
Elektrisiert durch die Elfringhauser Schweiz flitzen für 50 €/Tag!

Der NixWieHinweis II

In der alten Schule im Felderbachtal unterhält der Heimat- und Verkehrsverein Elfringhausen eine einmalige Sammlung der sehenswerten riesigen Bandwebstühle, die hier noch bis vor einigen Jahren in allen Ecken in und um Langenberg ratterten und jetzt Industriegeschichte geschrieben haben. Alle Maschinen sind voll funktionstüchtig und werden von ehemaligen Bandwebern – also Profis – liebevoll gehegt und gepflegt. Da alles, was rastet, rostet, müssen auch die alten Elfringhauser Bandwebstühle regelmäßig arbeiten, so werden hier immer noch Bänder aller Art gewebt, auch auf Bestellung. Auf unseren Wunsch hin lief sogar mein Paulchen vom Band. Die netten Museums-Weber haben dabei keinen Aufwand gescheut, und seitdem können sich alle Museumsbesucher und Paulfans exklusiv ein süßes Paulbändchen mitnehmen; ideal als Lesezeichen fürs Wanderbuch, aber auch für irgendein anderes Buch aus der Bücherstadt. Also auf ins Bandwebereimuseum!

Bandwebereimuseum
Elfringhausen
Felderbachstr. 59
45529 Hattingen
Tel.: 02052-961543
Ö: jeden 2. und 4.
Sa 14-16 Uhr u. n. V.
Erw. 1,50 €
Ki. ab 8 Jahren 75 Cent

WANDERFILET

Natürlich lässt man in Langenberg keinen Gast verhungern, dafür gibt's einfach zu viele Lokale, Eisdielen und Restaurants in der Altstadt. Ein besonders schönes Haus und Wahrzeichen für die Stadt ist die alte Wateler Mühle am Deilbach. Paul und ich halten ja bekanntlich immer auch Augen und Ohren offen für den besonderen Tipp auf dem Lande, und ein solcher wäre folgender:

Landhaus Huxel

Ein Abstecher in den Huxelmannsbusch hinunter ins Felderbachtal, und wir stehen vorm hübsch anzusehenden Landhaus Huxel. Drinnen geht es aber weiter, denn das Restaurant ist voll gestopft mit der Uhren- und Musikinstrumentensammlung von Werner Westphal, dem Herrn des Hauses. Aber keine Sorge: Nur gelegentlich wird der Leierkasten oder das Lochscheibenklavier angestellt, und dann können die Gäste alte Melodien raten. Und wenn die mit der Antwort schneller sind, als der Papagei hinterm Tresen, spendiert der Chef ein Glas Champagner. Das wäre auch der passende Aperitif zu den leckersten Forellen, die hier hauptsächlich auf der anspruchsvollen Speisekarte stehen. Kein Wunder, denn die springen fast aus den Forellenteichen hinterm Haus heraus als Spezialität direkt auf den Tisch.

6 *Landhaus Huxel*
Felderbachstr. 9
Niederelfringhausen
Tel.: 02052-6415
Ö: Mi-Sa 11.30-14,
18-23 Uhr,
So durchgehend
Frische Forellenspezialitäten der gehobenen Kategorie

So, das war unser Trip durchs Elfringhauser Wanderland. Vielleicht finden Sie ja einen der elf Ringe und kommen ganz verzaubert nach Hause. Viel Spaß beim Nachwandern! Tschüß!

Tourist-Information Velbert
Friedrichstr. 181a
42551 Velbert
Tel.: 02051-605511

Oberbonsfeld
Heimannsbusch
Eggendahl
Große Heeg
Fellershof
Wüstung Taer
Oberste Kleinbeck
Sondern
Löper
Berg
Meyberg
Marckenbusch
Künning
Nieder
Ober
Huxelmann
Hordtberg
Texas
Großrundfunksender
Flasdieck
Rommel
Ihmendahl
DB
Bismarck turm
LANGENBERG
Huxelmannsbusch
Übelgönne
Schwarzer Adler
Nieder-
Vosloch
Sandkühle
Siepequelle
Vogelskothen
Thielen
Ottoplatte
elfring
Grünthals Kotten
Höhfeld
Bad
hausen
Buschmann Kotten
Im Kalbersiepen
Brink
Bembergs Hof
Effe
Naulbeck
Dickten
Stumpes
Stumpsberg
Im Diergarten
Oberlaak
Am Grüggel
Bösdieck
Dönsberg
Elfringhauser Tal
Deilbach
Deilbachmühle
Hühnerbusch
Knürschhaus
Holzhütte
Voßhof
Finkenthei
Bocks
Triebel
Fahrenscheidt
Lappenhaus
Heß-siepe
Lembeck
L433
Schampen
Steinnocken
Poetmann Kotten
Stodt
Im Ork
Küppersbruch
Vorberg
Nipshaus
Schnapp
Am Schmalen
Braken
Kamp
Dahl
Igetsbruch
Astrath
Windrath
Besenöckel
Nord
Thomashäusgen
Böcken
Wind
(Allee)
Judt
Horst
Döskesschmitte
Schleier
Unterste Horst
Stöckern
Schelenhaus
Kaiser
Kahlenberg
rath
Kleinobs
Kahlen
In der Heide
Beutscheid
Fumfei
Lückenhaus
Schepers
Neuhaus
Hupperts berg
Lappenheide
Klein obsberg

Tour 5, ***16-km-Rundwanderung (Variante 12-km- oder 6-km-Rundwanderung): Langenberg (Altstadt) – Hordtberg (Sender) – Deilbachtal – Astrath – Windrath – Im Örk – Langenberg (Altstadt):*** Start P Altstadt Langenberg; auf „Hauptstr." ev. Kirche in Ri. Hordtberg (Sender) **(X17 oder L)**; an Kreuzung „Hauptstr." überqueren und links „Klippe" hinauf bis „Texas"; rechts ab Wald hinauf **(X17)**; vorbei an Bismarckturm (Turm und Gasthaus) und P (auch Start mögl.); evtl. Abstecher zur Sendeanlage; weiter mit Waldweg **(X17)**; später am Waldrand um kleineren Senderturm herum **(X17)**; auf Asphaltweg rechts ab und ab hier mit Zeichen **(L)** (Langenberger Rundweg) auf Höhenweg lange weiter; kurz nach „Voßhof" rechts ab **(Raute 3, A4)** (wer „Am Schmalen" einkehren möchte, folgt weiter **(L)**, violetter Weg); Deilbach und Str. überqueren und mit Weg gegenüber hinauf nach „Astrath" **(Raute 3, A1-3)** an „Astrath" links ab auf Landstr. „Nordrather Str." **(L, Raute 3)**; nach 500 m (Höhe „Böcken") Feldweg rechts ab **(L, Raute 3)**; am Waldrand Feldweg rechts entlang **(L, Raute 3)** (Abstecher zum „Schepershof": Feldweg geradeaus, Kreisstr. links ab, nach 200 m liegt links der Hof (grüner Weg)); Straße überqueren und weiter auf Weg „Hof zur Hellen" (Einkehrmögl. im Hofladen) ab **(L, Raute 3)**; Allee entlang hinauf bis „Windrath"; Kreisstr. überqueren; weiter auf Feldweg vorbei an Kapelle und Hof; schmaler Weg zwischen Weidezäunen mit Abstieg nach „Dahl"; durch Hof, dann links ab; schmaler Weg an Tannenschonung vorbei hinauf zur Kreisstr. **(alles L, Raute 3)**; mit Kreisstr. rechts ab **(ab hier Raute 7)** vorbei an Bio-Hof „Im Örk"; auf Höhe „Triebel" Weg rechts ab vorbei an Windrad **(Raute 7)**; durch Wald hinunter ins Deilbachtal **(Raute 7)**; mit Autostr. „Donnerstr." kurz nach links, gleich rechts ab über den Bach und links ins „Nizzatal" (ohne Mark.); vorbei an Nizzabad **(jetzt Raute 6)**, später „Panner Str.", dann auf „Hauptstr." zurück in Altstadt.

12-km-Runde (rot gestrichelter Weg): auf „Deilbachtalstr." rechts ab **(A4)** zur „Deilbachmühle" (Einkehrmögl.); hinter der Mühle Deilbach überqueren und Weg Wald hinauf **(A1)**; oben auf Fahrweg links ab **(Raute 7)** über „Bemberg" und „Stumpes" hinunter; ab Deilbachtal auf Str. rechts ab, gleich wieder rechts in „Nizzatal"... s. Ende große Runde.)

Mini-Runde 6-km (blau gestrichelter Weg): auf Höhenweg nach 200 m Höhe „Sandkuhle" **(Raute 6, A4)** rechts ab hinunter bis Nizzabad und zurück zur Altstadt; Abstecher Bandwebereimuseum: unterwegs auf Höhenweg vor „Buschmanns Kotten" mit **(Raute 6)** hinunter ins Felderbachtal; mit Kreisstr. „Felderbachstr." 400 m rechts hoch bis Schule und Museum; auf Str.wieder zurück und mit **(Raute 3)** „Laaker Weg" wieder hinauf auf Höhenweg **(L)**.

TOUR 6: SINZIG

Mit Wanda und Paul ans Ende der Ahr

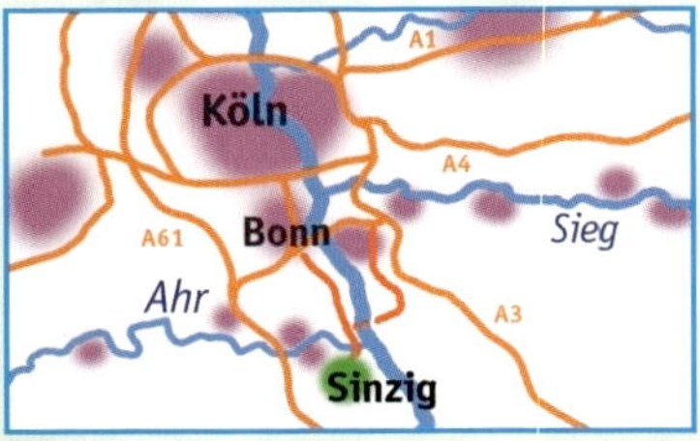

Hin: *20 km linksrh. südl. von Bonn; A61 AS Sinzig, oder B9 AS Sinzig; Deutsche Bahn Bhf. Sinzig.*
Weg: *9 km schönste Panorama-Pantoffel-Rundwanderung mit zweimal genialer Wandereinkehr und viel Ahr- und Barbarossageschmack.*

In der Reihenfolge ihres Erscheinens von vorne nach hinten: Linz, Rhein, Ahr, Sinzig.

Bevor's in Sinzig richtig losgeht, habe ich mir mit Paul einen tollen fahrbaren Untersatz für unsere heutige Tour besorgt. In Remagen sitzt seit 70 Jahren die Firma Schauff, und die stellt nicht nur Fahrräder her, sondern die verleiht auch welche, richtig gute! Vom Mountain Bike über City bis Trekking und Tandem. Ganze Busladungen, Familienfeiern oder Büroetagen können mit Rädern ausgerüstet werden. Die haben aus lauter Begeisterung ein Paulfahrrad lackiert, und da konnte ich nicht widerstehen. Also, liebe

Fußwanderer, das wird deswegen keine Fahrradtour, keine Sorge. Ich radele jetzt schnell die 4 Kilometer bis zum Start in Sinzig, und dann treffen wir uns wieder...

Schauff Bikestore
Fahrradverleih u. -verkauf
Am Güterbahnhof in Remagen
Tel.: 02642-22910
www.schauff.de

Und da kommen Paul und ich auch schon angeschnaufft durch den grünen Park von Schloss Sinzig, von dem Paul ganz begeistert ist. Das Schloss hatte sich in der Mitte des 19. Jahrhunderts der Kölner Kaufmann Gustav Bunge nicht als Kaufhaus, sondern als nette rheinromantische Sommervilla bauen lassen. Wer seine heimatlichen Gefühle bedienen will, der findet hier auch das Sinziger Heimatmuseum. Das interessante Museum in der Sommervilla hat auch im Winter geöffnet. Hier sind die Fundstücke aus vergangenen Tagen Sinzigs zu besichtigen: eiszeitliche Mammutzähne und vor allem viel Römisches. Jede Menge Scherben aus einer „Terra Sigillata"-Manufaktur, die hier um 140 n. Chr. kräftig werkelte und Tonfliesen brannte. Unser Wort „Ziegel" stammt offensichtlich von „Sigillata". Eine bedeutende „Plaatefabrik", sprich Fliesenfabrik, gibt's heute noch in Sinzig. Ein römischer Statthalter namens Gaius Sentius gilt übrigens auch als Namenspatron für die Siedlung Sentiacum, später Sinzig.

Der Eintritt zum Museum ist frei, der in die Ehe auch? Im Turmzimmer können sich die Sinziger besonders stimmungsvoll standesamtlich trauen lassen.

Sinzig, und da sind sich die Sinziger sicher, muss im Mittelalter ja ein wahrer Treffpunkt der High Society und Royaltys gewesen sein. Allein einunddreißig (in Worten 31) Majestäten von der Sorte Deutscher König oder Römischer Kaiser schauten bis zum Jahre 1531 im Städtchen vorbei. Und was wollten die alle in Sinzig? Nun, Sinzig lag direkt an der alten Heerstraße Frankfurt-Aachen, der so genannten Krönungsstraße. Die hieß so, weil auf dieser Verkehrsverbindung traditionellerweise die frisch gewählten, aber noch ungekrönten Häupter von ihrer Wahlparty in Frankfurt zur

1
Heimatmuseum im Schloss d. Stadt Sinzig
Barbarossastr. 35
Auskunft bei Stadtverwaltung Sinzig
Tel.: 02642-40010
Ö: Sa, So 11-17 Uhr, Eintritt frei
www.museum-sinzig.de

War sogar viermal in Sinzig: Friedrich Barbarossa von Hohenstaufen (1123-1190), Beruf: Römischer König und Kaiser

Krönung nach Aachen reisten. Von Frankfurt nach Aachen waren und sind es aber – laut Routenplaner heute immer noch – 252 Kilometer. Auch wenn das Teilstück Sinzig-Aachen im Mittelalter die einzige gepflasterte Straße nördlich der Alpen gewesen sein soll, war es trotzdem eine anstrengende Reise. Hier auf dem Sinzigberg unterhielt man bereits in fränkischen Zeiten um das Jahr 762 eine königliche Tankstelle, einen Gutshof, der so beliebt war, dass er über die Jahrhunderte sogar zur kaiserlichen Pfalz ausgebaut wurde. Und bestimmt hatte sich auch Barbarossa zur Sommerszeit im Rhein oder in der Ahr erfrischt, denn er ging gerne schwimmen. Das tat er ja auch auf einem seiner Kreuzzüge in Kleinasien im Fluss Saleph, der ihm am 10. Juni 1190 zum Verhängnis wurde und dem 67-jährigen Kaiser leider ein feucht-trauriges Ende bereitete.

Achtung, falls Sie um den 15. August anreisen: Die schönste Ansicht auf das Sinziger Schmuckstück ist

dann zugebaut von der alljährlich stattfindenden Sinziger Kirmes. Die ist kein Weltkulturerbe, doch für viele erst ein Grund, nach Sinzig zu kommen.

Vor dem Sinziger Schloss stehen wir an der Barbarossastraße, man könnte auch Rotbartstraße sagen, und die bringt uns mit ein paar Schritten nach links direkt zum über Veilchen und Primeln herrschenden Barbarossa-Denkmal. Paul und ich sagen Guten Tag und Hallo, und spätestens jetzt werden wir nicht mehr vergessen, dass sich das stolze Sinzig offiziell Barbarossastadt nennen darf.

Von hier aus die Treppen hinauf, vorbei an dem riesigen paulgruseligen Löwen, und schon stehen wir auf dem Sinzigberg mit dem alten Zehnthof und der Pfarrkirche St. Peter, der vielleicht schönsten rheinischen Basilika der Spätromanik. Vor wenigen Jahren war die weiße und rote Farbe noch feucht, da versetzten die Restaurateure das Gebäude in den Originalzustand des 13. Jahrhunderts zurück. Die Kirche ist schon seit 1998 als Weltkulturerbstück in der Schutzliste der UN zu finden, auch ohne frische Farbe.

Die dreischiffige Pfeilerbasilika wirkt sehr solide und mit dem mächtigen Zentralturm fast ein wenig dicklich. Drinnen kommt, wie ich finde, ein wenig ein Gefühl von Enge auf, aber nicht unfreundlich. Es ist auch spürbar heller als sonst in den dunklen, mystischen romanischen Kirchen. Das liegt nicht nur am sonnigen Sommerwetter draußen oder an der Ausmalung: Die Lichtführung ist ein Werk der staufischen Architekten – ein Hinweis auf die Spätromanik. Und oben in der Vierungskuppel finden wir auch schon gotische Gewölberippen. Na also.

2

Der Sinziger Mumienexperte Stephan Pauly zeigt mir den Ötzi von der Ahr, 'tschuldigung, Herrn von Holbach in der südlichen Seitenkapelle im Dom.

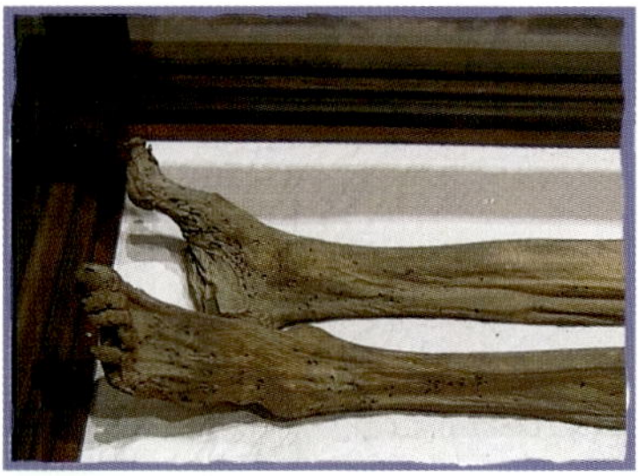

Passend zum Wanderthema, und damit die Kinder nicht erschrecken, oben ein Bild nur von den Füßen des Vogts.

Viele Besucher geraten in der Pfarrkirche aber nicht nur ins Schwärmen und Staunen, sondern auch ins Gruseln. Der Grund dafür: das Sinziger Leddermännche! Das oder der liegt in einer Seitenkapelle und gehört seit dem Jahr 1700 zu den prominentesten Sinzigern. Zudem hat es sich für sein Alter von etwa 312 Jahren recht gut gehalten, die Haut ist zwar ganz lederig, sein Gebiss aber noch fast vollständig. Um das Jahr 1700 tauchte der Ötzi vom Ahrtal nach einem schweren Unwetter urplötzlich in Sinzig auf und ließ seitdem die Leute wild über seine Herkunft spekulieren. Und er musste als echt rheinische Mumie viel Unfug über sich ergehen lassen: als Figur im Karnevalszug, oder man stellte den ausgetrockneten und steifen Toten nachts vor Sinziger Haustüren ab. Halloween lässt grüßen. Heute hat er wieder etwas mehr Ruhe, und wir wissen, dass es sich beim Leddermännche nicht um einen römischen Legionär oder einen Heiligen, sondern um den Vogt Johann Wilhelm von Holbach handelt. Vor allem dank der akribischen Nachforschungen von Stephan Pauly, den ich am gläsernen Sarg getroffen habe. Der ist kein Arzt, da wäre er auch zu spät gekommen, sondern der Mumienexperte in Sinzig, und er hat in seiner Freizeit viel über den armen Vogt herausgefunden: dass der am 7. März 1691 in der benachbarten Maria-Magdalenenkapelle zur Ruhe gebettet wurde und nur neun Jahre später, eben durch heftiges Regenwasser, aus seiner Gruft hinausgespült worden war. Zu einer richtigen Beerdigung ist es bis heute nicht mehr gekommen.

Noch eine Runde durch die Altstadt und, schon schauen wir vom Feltenturm zurück auf Sinzig.

Quer über den Kirchplatz düsen Paul und ich jetzt aber mal langsam los in Richtung Mühlenberg, dem Dreh- und Angelpunkt unserer Wanderstrecke. Durch die mal mehr, mal weniger hübsch restaurierten Altstadtgassen – die Sinziger Jahre waren offenbar die Siebziger Jahre – ziehen wir vorbei an erstklassigen Eisdielen endlich hinaus aus der Stadt! Der anstrengendste Teil des Tages ist nach dem steilen Aufstieg zum Mühlenberg bereits geschafft. Oben über allem thront auf dem Plateau keine Mühle, sondern der Feltenturm, und wer den jetzt auch noch besteigt, der bekommt Ein- und Aussichten aller Art: rückwärts hinunter ins Rheintal mit Goldener Meile und Sinzig und voraus auf die Täler zwischen den Eifelhöhen. Paul und ich tauchen wieder in den Wald hinein, wo unser Fußweg jetzt von der Straße abzweigt. Es wird richtig idyllisch, Laubwald zur Rechten, Obstbäume talwärts zur Linken, Mauselöcher beiderseits, wir können ordentlich durchatmen und durchschnuppern.

Keine Sorge, das „Ä" am Wegesrand, das wir vorhin gesehen haben und dem wir folgen, ist kein Zeichen von Ratlosigkeit, erst recht nicht von Rastlosigkeit, sondern vielmehr von Rastmachbarkeit. Also aufgepasst: In 10 Minuten spazieren wir aus dem Hohlweg heraus, laufen ein kurzes Stück Asphaltstraße bergauf und schon erreichen wir das Waldcafé „Zum Ännchen". Im Winter gibt's hier im wildromantischen Häuschen im Fachwerklook nichts, den Rest des Jahres über dafür umso mehr: leckere selbst gemachte Kuchen, Torten, Schnittchen, kalte und heiße Getränke und Gäste. Ich kann nicht widerstehen, und schon sitze ich auch auf der verwunschenen Terrasse auf bunten Stühlen und mit famosem Fernblick. Unterm Tisch schlabbert Paul geräuschvoll das Hundewasser leer, auf dem Tisch tröpfelt heißer Bohnenkaffee frisch aus dem Filter auf der Tasse in die Tasse. Lecker. Im Ännchen gibt es erst seit 1998 fließend Wasser und Strom. Immerhin seit 1880 werden hier Getränke ausgeschenkt, damals gab es sogar noch den Wein zu trinken, der hier an den südlichen Hängen des Mühlenberges wuchs.

Nix Latte macchiato, tischgebrühten Bohnenkaffee gibt's zur tollen Aussicht. Basta.

Nur Geduld, Wein gibt es auf unserer Wanderung später noch genug. Auch fürs Auge. Weiter geht's auf alten ungeteerten Wegen Richtung Eifel. Linkerhand in Richtung Süden liegt Westum, dann bald Löhndorf. Das sind seit 1969 Sinziger Ortsteile, die dabei helfen, die Einwohnerzahl Sinzigs auf stattliche 15.000 hochzuschrauben. Das gemeinsame Zuhause dieser beiden Dörfer ist das schwungvolle Tal mit dem Namen Hellenbachtal. Unser mittlerweile immer schöner gewordener Wanderweg ist in der Kategorie „traumhaft" angekommen. Zwischen Wald und Obstwiesen bringt er uns allmählich zum Westhang und somit zum Wendepunkt der Route rund um den Mühlenberg.

3

Waldschenke
„Zum Ännchen"
Waldstraße
Sinzig-Westum
Tel.: 02642-42410
www.zum-aennchen.de
Ö.: Mo-Do, Sa ab 14,
So ab 11 Uhr, Fr zu

Hoffentlich haben wir Durst bekommen, denn hier mitten im Wald erwartet uns die nächste geniale Wanderverpflegung am Wegesrand: das einmalige „Winzerhäuschen". Bitte denken Sie nicht, dass da Leute in einer Waldhütte eine Privatfeier veranstalten, nein, Sie stehen am Winzerhäuschen, geöffnet für alle. Urig und einfach, wie es in Winzerhäuschen eben so zugeht, darf man hier nicht allzu viel erwarten, nur eines ist verspro-

chen: das schicke Ahrtalpanorama mit steilen Weinbergen im Vordergrund, Autobahnbrücke in der Mitte und der markanten felsigen Landskrone rechts. Aussicht, Saft, Wein und Brote à la Winzerplatte gibt es mit Selbstbedienung zum Panschen und Mampfen an Holztischen unter schattigen Bäumen. Und viel gute Laune drumherum. Nimmermüde Kinder schickt man in den Wald, da gibt's einen richtigen Spielplatz. Vor allem abends, wenn im Westen die Sonne sich entspannter hängen lässt, wird's richtig romantisch, wie ganz weit weg in Ferien. Im Ahrtal. Zum Beispiel.

4 *„Winzerhäuschen"*
über Weingut B. Linden
Tel.: 02641-26940
Ö: Ostern bis Oktober
Mi-Sa ab 14, So ab 10 Uhr

Nicht mehr weit weg ist die steile Ehlinger Ley, die Paul und ich für die heute letzte Rundschau gleich betreten. Auf der anderen Talseite gegenüber, oberhalb von Bad Bodendorf, beginnt übrigens auch der beliebt-berühmte Rotweinwanderweg. Danach verlässt uns die Höhe, und bald kommen wir den Wanderweg hinunter ins Ahrtal mit Bad. Auf dem Talboden erreichen wir den Kurort Bad Bodendorf, ein nicht nur bei Beleibten beliebtes Thermalfreibad. Bis heute kann man in original nostalgischer Badearchitektur und Schwimmkulisse von 1937 in echtem sprudelnden Quellwasser plantschen und schwimmen. Eines durfte man vor dem Jahr 1989 allerdings nicht tun: beim Baden eine helle Badehose tragen. Das Mineralwasser war richtig rotbraun vom Eisen und die Farbe ging buchstäblich in die weiße Hose. Heute gibt es eine Enteisenungsanlage und man kann beim Baden wieder weiß tragen. Wer das kurmäßig heilende Quellwasser nicht aus dem Schwimmbecken schlürfen will, für den plätschert vor dem Freibad der köstliche St. Joseph Sprudel 24 Stunden Tag und Nacht und mit vollem Eisengehalt, wie man gut an dem verfärbten Brunnenbe-

Der Bad Bodendorfer Natrium-Magnesium-Hydrogencarbonat-Säuerling schmeckt sehr gesund!

cken sieht. Bad Bodendorf ist auch Sitz einer Klinik für Gefäßkrankheiten, die echte Wanderer aber nicht zu befürchten haben. Wir laufen hier durch das so genannte Kurviertel von Bodendorf, das wir am Bad vorbei Richtung Ahr verlassen. Ab hier sind Paul und ich auf dem Ahruferweg unterwegs, den wir ja bereits in unserer Ahrweiler-Tour (Alles im Wanderland, Band 2, Tour 5) reichlich beschnuppert haben. Der Weg hält sich zu unserer Erholung von jetzt an schön flach am Fluss entlang, den wir bald mit einer Fußbrücke überqueren werden. Und sogar noch ein kleiner Tierpark mit Spielplatz wird geboten, bevor es ruck-zuck zurück nach Sinzig geht. Auf Höhe des Sinziger Mineralbrunnens und seiner Abfüller überqueren wir zum letzten Mal die Ahr. Dort ziehen auch schon die ersten Abendessendüfte zusammen mit uns durch die Häuser, und als ob wir unterwegs nichts zu Essen bekommen hätten, regt sich doch schon wieder der Appetit. Das heißt mit drei Worten: Zeit fürs Wanderfilet.

Vor 1989 ging das eisenhaltige Mineralwasser buchstäblich in die weiße Badehose.
5
Thermal-Freibad Bad Bodendorf
Tel.: 02642-5087
Ö.: Mitte Apr.-Okt. tägl. 7-20 Uhr

WANDERFILET

Vieux Sinzig

Das Restaurant von Jean Marie Dumaine heißt „Vieux Sinzig" und gehört sicher zu den gastronomischen Highlights der Stadt. Das Haus ist neu, der Name alt wie „Alt-Sinzig". Jean Marie Dumaine kam vor 20 Jahren als Koch aus der Normandie nach Sinzig, – mit nur 10 DM in der Tasche, aber vielen Ideen im Kopf. Die findet man fast überall wieder, ob als ungewöhnlichen Kräutergarten mitten im Haus, aus dem sich der Koch mit Kräutermesser bewaffnet zwischendurch schon mal bedienen kommt, oder als üppiges Verkaufsregal voller eingemachter Sonderbarkeiten. Vor allem feinschmeckende Kräuterfans werden von der aromatischen Küche von weit her angelockt. Getreu dem Motto „Natur erleben und genießen" kocht Dumaine nicht nur in seinem Restaurant mit den wildesten Kräutern, sondern

6
Restaurant „Vieux Sinzig"
Kölner Straße 6
53489 Sinzig
Tel.: 02642-42757
www.vieux-sinzig.de
Ö.: Mi-So 11.30-14.30 u. ab 17, Di ab 17.30 Uhr, Ruhetag: Mo
Entenstopfleber-Terrine m. Brennnesselkaramell und Brioche 18 €; Wildkaninchen „Crépinette" gefüllt m. Parmesan u. Rucola 18 €;
Crème brûlée „Quintett" Löwenzahnwurzel, Enzian, Verbena, Rosenblüten, Veilchenwurzel 8 €

In den Ahrauen treffen wir den Sinziger Kräuterkönig Jean Marie Dumaine auf Kräuterexpedition. Das aufgelesene findet man nachher in den erlesenen Speisen wieder.

lädt gemeinsam mit seiner Gemahlin auch zu botanischen Happenings, wie zum Beispiel Kräuter- oder Pilzwanderungen mit anschließendem Buffet im Grünen ein. Das Suchen und Finden von Essbarem in der freien Natur und das darauffolgende Verarbeiten ist trotz inzwischen gesichertem Lebensunterhalt seine Leidenschaft geblieben. Tatsächlich haben Paul und ich bisher nur wenige Leute getroffen, die in Kräuter- und Pflanzenkunde so kundig waren. Für mich kochte Jean Marie ein Risotto mit Sauerampfer. Der Sauerampfer mit seiner Säure ersetzt auf preiswerte und interessante Art den Weißwein, gespart wird aber nicht an Crème Fraîche, Sahne und Parmesan. Zuvor ein Kräutersüppchen mit all dem Grünzeug von der Ahr, das wir vorab gepflückt hatten, drinnen schwimmt ein zartes Taubenbrüstchen. Schließlich zum Nachtisch das Löwenzahntiramisu, ganz köstlich, und während wir hier schlemmen, bangen im Garten bereits die nächsten Kräuter um ihr pflanzliches Leben.

Ja und vom „Vieux Sinzig“ kommen wir auch schon zum Adieu Sinzig, und wenn Sie jetzt auch Lust bekommen haben auf Ledermännchen, die Ahr und die Berge, dann anziehen, Tasche packen, das Buch nicht vergessen, und los geht’s.

Tourist-Service Sinzig
Am Kurgarten
53489 Sinzig-
Bad Bodendorf
Tel.: 02642-980500
www.badbodendorf.de

Stickerei Stickpart
Sven Pörzgen
Eisenbahnstr. 17
53489 Sinzig
Tel.: 02642-409980
www.stickpart.de

Falls Ihnen das Ende der Ahr jetzt aber doch etwas zu plötzlich kommt, hier noch ein kleiner NixWieHinweis.

Der NixWieHinweis

Eine Frage, bevor Sie Ihre Wanderung starten: Sind Sie Paul-Fan, und haben Sie eine Tasche, einen Rucksack, ein Hemd oder eine Kappe dabei, die Ihnen inzwischen zu langweilig geworden sind? Dann habe ich Abhilfe: In Sinzig sitzt Sven Pörzgen an einer rasenden Stickmaschine und stickt Ihnen den originalen Paul auf Jacke oder Unterhose oder sonst was. Es geht natürlich auch jedes andere x-beliebige Motiv, 12-farbig und mit dieser garninkontinenten Maschine in rasender Geschwindigkeit. Herr Pörzgen fädelt alles für Sie ein.

Tour 6, 9-km-Rundwanderung: Sinzig (Kirchplatz) – Mühlenberg – „Ännchen" – „Winzerhäuschen" – Bad Bodendorf Kurviertel – Sinzig: Start P Sinzig Zentrum „Barbarossastr." bzw. Kirche (vom Bahnhof aus mit „Barbarossastr." ins Zentrum); „Mühlenbachstr." (Geschäftsstr.) hinunter; an größerer Straßenkreuzung in „Am Hellenberg" links ab; bald nächste „Mühlenbergweg" rechts ab und steil bergan; an Gabelung links halten; oben liegt scharf links P (hier auch Parkmögl.) Abstecher zum Aussichtspunkt „Feltenturm"; zurück an der Kreuzung mit schmalem Fußweg am Wald halb links weiter; oberhalb Gärten weiter bis Fahrstr.; rechts hinauf und unterhalb „Ännchen" (Einkehrmögl.) vorbei; geradeaus auf breiterem Schotterweg zwischen Sträuchern weiter (nicht in Wald hinauf!); auf diesem Weg, rechts Wald, links Weitblicke, am Mühlenberg entlang bleiben; nach Rechtswende vorbei am Waldparkplatz dem Schild „Winzerhäuschen" (Einkehrmögl.) in den Wald folgen; vom „Winzerhäuschen" aus breiteren Weg weiter im Wald Richtung Bad Bodendorf **(alles evtl. vorhandene Markierung 4)**; nach 200 m im Wald Gabelung links ab; Weg weiter abwärts und mit steilem geraden Hohlweg links ab nach Bad Bodendorf; geradeaus auf „Bäderstr."; dann rechts ab zum Thermalbad; hier links vorbei und nächsten Weg rechts ab durch den Park; im Park links halten bis Ahrufer; mit Brücke Ahr überqueren; auf linker Ahrseite rechts ab auf Uferweg **(A „Ahruferweg")** vorbei an Tiergehege; nach 500 m mit Holzbrücke Ahrseite wechseln; links ab auf Ahruferweg bis „Kölner Str."; hier rechts ab Ri. Innenstadt und Start (zum „Bahnhof" Str. überqueren und auf Uferweg weiter; nach Bahnunterführung rechts ab zum Bahnhof).

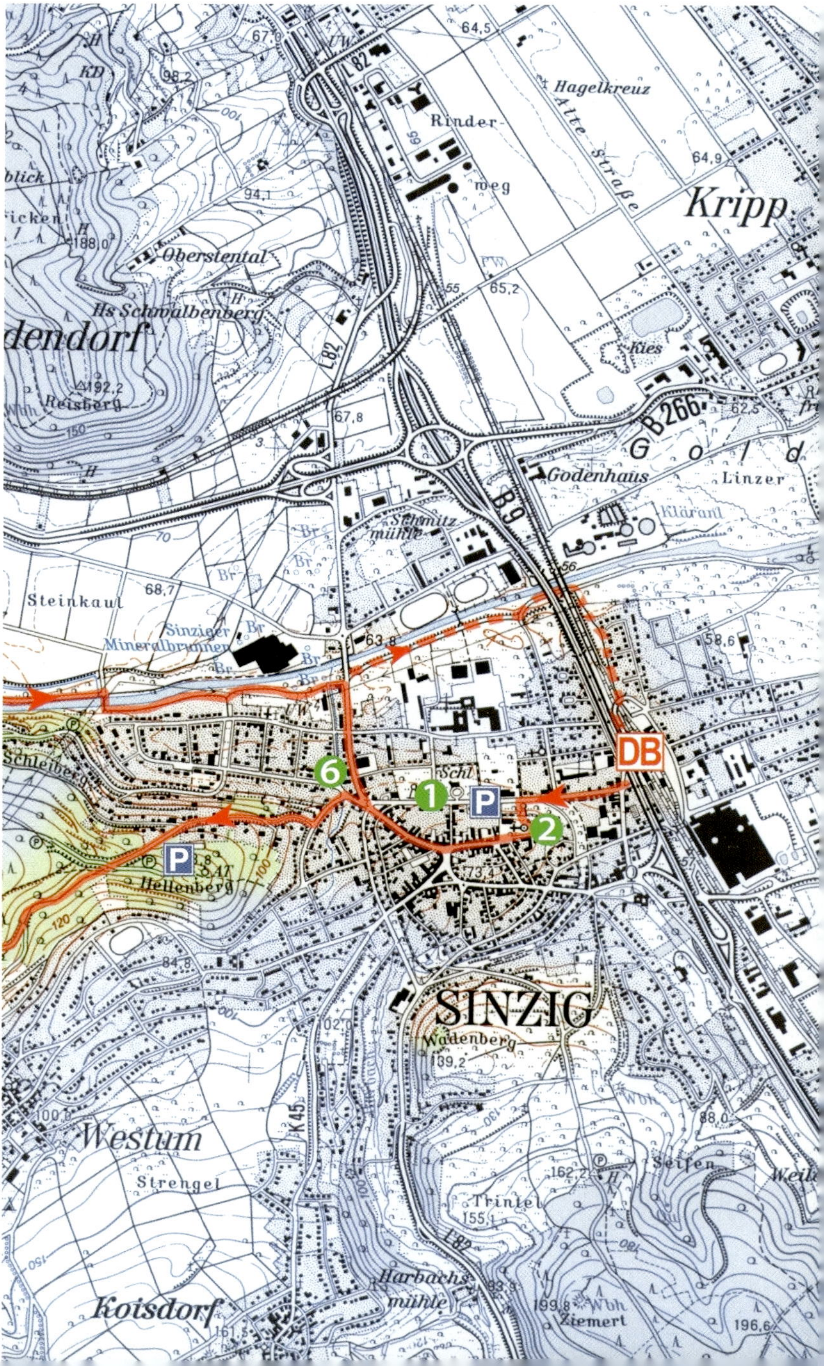

Hagelkreuz
Alte Straße
Rinder-
weg
Kripp
Oberstental
Hs Schwalbenberg
dendorf
Reisberg
Kies
B 266
Gold
Godenhaus
Linzer
Kläranl
B 9
Schmitz
mühle
Steinkaul
Sinziger
Mineralbrunnen
DB
Schl
Schleiberg
Hellenberg
SINZIG
Wadenberg
K 45
Westum
Strengel
Seifen
Trintel
L 82
Harbachs-
mühle
Ziemert
Koisdorf

TOUR 7: KÜRTEN

Hello Delling!

Hin: *30 km östl. von Köln; A4 AS Moitzfeld, Landstraße L289 über Herkenrath, L286 Dürscheid, Biesfeld, vor Kürten rechts ab nach Olpe.*
Weg: *10 km bergisch auf- bergisch ab-Rundwanderung mit Kirchlein und Dörfchen der Spitzenklasse.*

Frage: Kennen Sie Kürten oder gar Delling? Antwort: „Na klar, aus'm Fernsehen, mit Wanda und Paul! Dufte Sendung im WDR." Sehr gut. Setzen! Ja, ich weiß, Kürten und Delling heißen auch zwei Sportmoderatoren, der eine beim ZDF, der andere bei der ARD; aber an die beiden denkt keiner mehr, wenn er unsere heutige Wandertour durch schönstes Bergisches Land mitgemacht hat.

In der Gemeinde Kürten sind momentan fast 20.000 Menschen versammelt, die sich hier an dieser äußerst beliebten Stelle im Bergischen Kreis auf etliche Dörfer und Höfe rund um Kürten verteilen. Ums Jahr 1300 wird eine Kirche an einem Ort namens „Curtine" erwähnt, im Zusammenhang mit der Eintreibung von Geldern für den christlichen Kreuzzug. Das ist einer der ganz wenigen Hinweise auf die Ursprünge der eher unauffälligen Besiedlungsgeschichte Kürtens. Das schrieb sich übrigens bis 1930 noch mit „C", also Cürten, wie Curd Jürgens oder Tony Curtis. Da hat's das Örtchen Olpe schon besser. Darf ich vorstellen: „Reinaldum de Olpe eiusque uxor Kunigunde", Reinald von Olpe und seine Ehefrau Kunigunde. Die müssen immerhin so wohlhabend gewesen sein, dass sie im Jahr 1171 mehrere Höfe und eine Mühle nicht hier, sondern in Blankenberg an der Sieg (siehe Alles im Wanderland, Band 1, Tour 9) an ein Kölner Nonnenkloster verkaufen konnten; gelesen und bestätigt vom Kölner Erzbischof Philipp von Heinsberg höchstpersönlich. Auf nach Olpe!, meint Paul. Na gut. Also auf nach Olpe! Aber Vorsicht! Nicht zu weit fahren, denn dann kommen Sie im großen Olpe im Sauerland an. Achten Sie also gut auf die Karten nach Kürten.

Seit 600 Jahren glockt der Ton Gis übers bergische Tal des Olpebachs.

1

„Gott zur Ehr – dem Nächsten zur Wehr". So steht's auf dem Spritzenhaus in Olpe.

Ein wunderschönes Plätzchen im Kreis Kürten ist unser Olpe, wie sich gleich zu Anfang herausstellt. Mitten im Örtchen in der Talmulde steht an der Straße ein hübsches Feuerwehrfachwerkhaus, auf das der Name Spritzenhaus auch gut passen würde. Bestimmt parkt aber drinnen einsatzbereit der ultramoderne Hightech-Feuerlöschzug der freiwilligen Olpener Brandbekämpfung.

Auf dem alten Schulweg geht's von Olpe hinauf nach Bornen.

Gleich daneben auf dem Wanderparkplatz parken die Autos der Wanderer. Handbremse ziehen, Motor aus und ab geht's im ersten und besten Gang überhaupt: nämlich zu Fuß. Kaum ist die Straße überquert, sind wir auch schon auf unserem Wanderpfad unterwegs. Gerade als Paul und ich am alten Löschteich der Feuerwehr vorbeilaufen, ertönt zum Entenquaken ein Glockenschlag. War das nicht der Ton Gis? Stimmt, und das ist er schon seit sechshundert Jahren. So alt ist das wertvolle Geläut, das da oben im Glockenturm der katholischen Kirche glockt. Da wir hier „auf dem Lande" sind, passt es auch, dass die Kirche der heiligen Margareta als Beschützerin der Feldfrüchte gewidmet ist. In Olpe wird außerdem eine Reliquie vom Kreuz Christi aufbewahrt. Ein Kreuzritter freute sich, gesund und munter aus dem heiligen Land nach Olpe zurückzukehren und ließ hier die Kreuzkapelle erbauen. Paul und ich wollen in ca. 2–3 Stunden ebenfalls gesund wieder nach Olpe zurückkehren, möglichst sogar gesünder als vorher. Wandern ist doch sooo gesund.

2
Atelier der Glaskünstlerin
Helga Reay-Young
Höhenstraße 29
51515 Kürten-Bornen
Tel.: 02268-438

Im Moment freuen wir uns aber auf den herrlichen Weg, der vor uns liegt. Und der führt uns erst über ein Brückelchen und dann steil bergan. Es ist der alte Schulweg von Olpe hinauf nach Bornen. Uff, der erste Berg ist gleich geschafft, und wir sind oben in Bornen angekommen. Entsprechend ihrer Lage heißt die Straße, auf der wir ein Stückchen durch Bornen laufen, auch Höhenstraße. An einer Perlenschnur großzügiger Wohn- und Schlafhäuser entlang ziehen wir bis zu der Ecke, an der der Kirchweg links abbiegt. Hier unter den dunklen Bäumen hat Paul, der alte Schnüffler, etwas entdeckt: einen alten Garten und ein ungewöhnliches Haus. „Paul! Vorsicht Glas!" Komisch, im Garten ist alles voller Glas. In den 1960er bis 70er Jahren hatte der Glaskünstler Fritz Lauten hier rund um sein Atelier zu Pfingsten Kunst- und Musikfestivals veranstaltet, mit Friedrich

Gulda und anderen berühmten Leuten. Manche Kölner und Kürtener werden sich noch dran erinnern. Heute lebt und arbeitet hier die Künstlerin Helga Reay-Young, ebenfalls mit Glas. Glotzen Sie ruhig durch die Fenster hinein, Vorhänge gibt es nicht. Oder klopfen Sie an, die Künstlerin öffnet freundlichen wie interessierten Besuchern – so wie mir – gerne die Ateliertür. Meinen Paul lasse ich mal besser draußen, in Porzellanläden haben bekanntlich nur Elefanten Zutritt. Glaskunst bekommt man ja nicht alle Tage zu Gesicht. Die schon mit etlichen Kunst-Preisen gekrönten Arbeiten von Frau Reay-Young wirken auf mich sehr licht und leicht. Die Künstlerin hat sich von der Natur in Island und dem Bergischen Land inspirieren lassen; also eher nicht durch Köln-Mitte, wo sie zuvor gelebt hatte. Mal sehe ich Eis, mal Wasser, dann entdecke ich geometrische Formen. Ich gerate fast ins Schwärmen, als wenn ich zu tief ins Glas geschaut hätte...

Island oder Bergisches Land? Der Blick übers Tal der Kürtener Sülz.

Zwischen Wald und großen Bornener Gärten führt unser Wanderweg aus dem Ort hinaus. Ein schöner Blick nach links übers Tal der Kürtener Sülz hinweg zielt genau nach Norden, fast bis nach Island. Im Sommer hört man bei Nordwind bestimmt bis hier hinauf das Gejohle und Geplantsche aus dem Spaßbad. Genau unter uns im Tal befindet sich das Kürtener Erlebnisbad „Splash!", zu deutsch Platsch! Schon 1935 war dort unten an der Sülz das Kürtener Freibad, nur nicht so raffiniert und postmodern wie dieses hier. Wär' ja verlockend, ein kleiner Abstecher hinunter nur ein Viertelstündchen zu Fuß durch den Wald? Oder gleich die ganze Tour am Wanderparkplatz hinterm „Splash!" starten und am Ende entweder im Wasser abkühlen oder in der Bergischen Waldsauna aufheizen (siehe Karte)? Sauna und Bad haben jeden Tag bis spät abends geöffnet.

3

„Splash"
Sauna u. Badeland
Broch 8
51515 Kürten
Tel.: 02268-91511-0
Ö: Mo 13-22, Di-Sa 10-22, Fr 10-1 Uhr, So 10-20 Uhr; Sauna: Mo-Do, Sa 10-23, Fr 10-1, So 10-20 Uhr
www.splash-kuerten.de

Gut abgetrocknet geht es weiter. Erst an einer privaten Wildbeobachtungsbank am Feldwegrand, dann an den weniger originellen Tennisplätzen vorbei auf Forsten zu. Mittendrin knickt der Weg nach rechts ab, und Paul und ich müssen über die wenig befahrene Landstraße nach Biesenbach. Es geht so richtig redensartlich „über die Dörfer", und das ist ausgesprochen kurzweilig: die unterschiedlichen Häuser und Vorgärten in den Dörfern, dazwischen die Aussichten über Felder rechts und links, auch Planwagen und Pferdekutschen begegnen uns öfter als Autos, jedenfalls an diesem Sonntag.

Planwagen für über 20 Personen beim Ferienhof Biesenbach in Kürten-Weiden. Alle Wagen sind TÜV geprüft, und Posträuber gibt es im Bergischen so gut wie keine mehr.

Kutsch- u. Planwagenfahrten
Hans Biesenbach
Reiterhof
Weidener Str. 66
51515 Kürten
Tel.: 02268-2882

Am Ortsausgang Biesenbach zweigt die Landstraße mit ihrem Asphalt wieder von unserer Route ab. Wir bleiben einfach auf dem Weg geradeaus, jetzt als Kiesweg führt er wie an der Schnur gezogen nach Dahlerhöh und in den gut gemischten Wald hinein. Gut gemischt ist und bleibt auch unsere Kürtener Tour. Auf Wald folgt Feld, auf Feld folgt Dorf, auf Dorf folgt Wald, dann mal eine Lichtung. Oder ein Kloster.

Eben noch haben wir die engen Kurven durch die alten Häuser von Neuenhaus hinter uns gelassen, da sind wir wieder unterwegs auf Wegen, wie sie im Wander-Buche stehen (auch in diesem). Nach einem längeren Anstieg durch den Wald endlich oben angekommen, gibt's schon wieder etwas Neues: Noch etwas verschwitzt stehen Paul und ich am Waldrand und gucken aufs Kloster Ommerborn mit den drei weithin sichtbaren großen weißen Kreuzen. Das Kloster wurde 1922 von Hermann-Josef Ommerborn gegründet, daher der Name. Dessen Vorfahre Pastor Johann Peter Ommerborn ging übrigens auf Seiten der Bauern gegen die Franzosen kämpfend als der so genannte „Heldenpastor" in die Bergische Geschichte ein. Hier in der Klosteranlage wohnen noch zwei Eucharistinerpatres. Wer aber am

Welcome to Delling!

Sonntag nach Fronleichnam hier vorbei wandert, wird Hunderten von Menschen begegnen. Die wollen dann zur Sakramentsprozession rund um die weißen Kreuze. Den Rest des Jahres bietet das Kloster ausschließlich Ordensbrüdern Erholung und Einkehr. Einkehr! Paul stürmt los. Dass damit jedoch die stille innere Einkehr in die eigenen Seelentiefen gemeint ist, davon ist mein äußerlicher und oberflächlicher, aber süßer Hund zutiefst enttäuscht.

Klasse!

Es geht weiter. Wir steigen hinab, nicht in Seelentiefen, aber ebenfalls steinig und holprig auf dem Waldweg hinunter zum Olperbach, der uns gleich munter plätschernd bis zurück nach Olpe begleiten wird. Aber zuvor haben wir da ja noch ein Kleinod der Gemeinde Kürten zu entdecken: sieben Häuser und eine Kirche. Hört sich fast an wie eine Fernsehserie, ist aber sehenswerte Realität. Und heißt Delling. Auch kein schlechter Titel, aber wahrscheinlich schon vergeben für eine ARD-Sportsendung. Hier gut versteckt in einer Delle des Olperbachtals spielt das Septett der bergischen Fachwerkhäuser von Delling und wird dabei überragt von einer Solistin, der kleinen, sehr feinen und absolut preußisch-klassizistischen Kirche. Der Preußische König war nämlich Regent über die 1815 preußisch gewordene Rheinprovinz, zu der auch das ehemalige Herzogtum Berg gehörte. Und da der König selber nicht nur Preuße, sondern auch Protestant war, spendierte er so armen evangelischen Gemeinden wie dieser hier im Bergischen ganz gerne mal 'ne kleine Kirche. Bis dahin versammelten sich die Dellinger im Pfarrhaus, das war Schulsaal, Wohnung und Kirche in einem. Umso mehr freute man sich natürlich über ein neues hübsches Got-

Klassizismus!

teshäuschen, 'tschuldigung, Gotteshaus, errichtet von einem Schüler des großen Klassizisten Karl Friedrich Schinkel. Die hübsche Kirche ist somit das jüngste Gebäude im Dellinger Ensemble. 1969 erst wurde sie sogar völlig erneuert, die Bausubstanz der ebenso preußischen wie preiswerten Einheitskirche war nicht sehr langlebig.

Paulchen springt über die Wiese, ich hüpfe die Treppenstufen zum Eingang hinauf und betrete den harmonisch und festlich wirkenden Innenraum. Mildes Nachmittagslicht fällt herein, im farb- und schmucklosen Raum zieht allein die schicke Kanzel die Blicke auf sich, bestimmt nicht ohne Absicht. Die Orgel ist ebenfalls ein Schmuckstück und älter als die Kirche selber, nämlich Jahrgang 1802. Eine Besonderheit, lese ich, ist, dass die Orgel einen halben Ton höher gestimmt ist, als es sich für Orgeln eigentlich gehört. Was Konzertaufführungen mit anderen Instrumenten zusammen ziemlich schwierig macht. Eine Solistin wie die Kirche. Und jetzt höre ich sogar ganz dezent die Orgel spielen. Ich drehe mich um, aber ich sehe niemanden. Hier läuft ein Tonband oder eine CD.

Den Messinghebel der Sonnenuhr schwenkt man so weit, bis er den kleinsten Schatten auf die Welt aus Lindlarer Grauwacke wirft. Und dann liest man die Zeit ab: Bei mir ist es gerade Viertel nach Drei.

Draußen auf dem Plateau vor der Kirche entdecke ich noch ein Geschenk an die Gemeinde, diesmal nicht vom König, sondern vom Pfarrerehepaar Bach, das 1997 von Delling nach Südafrika zog: Die so genannte Globus-Sonnenuhr soll Symbol der flüchtigen Zeit und Ewigkeit der göttlichen Schöpfung sein. Man kann noch viel mehr daran sehen: wo auf der Erde zum Beispiel gerade Tag oder wo Nacht ist. Schönes Geschenk. Die ausführlichen Erklärungen zu Kirche und Sonnenuhr gibt's in der Kirche zum Mitnehmen. Wollen Sie sich noch ein wenig auf die einladende Bank setzen oder gleich auf der Terrasse des Gasthauses niederlassen? Die liegt nämlich sehr pausenfreundlich und sonnenbe-

schienen direkt neben der Kirche und ist das eigentliche Besucherzentrum von Delling. Käffchen, Schnittchen, Bierchen, Teechen, irgendwas zum kurzen Ausruhen findet man hier immer (siehe Wanderfilet). Hinter dem Gasthaus hoch und an der Ziegenwiese vorbei spazieren wir weiter und so allmählich auf unser Olpe zu, und dabei geht uns der Olperbach für längere Zeit nicht mehr aus dem Gesichts-Sinn. Seinem Tälchen folgen wir am waldigen Hang entlang, über Schultheißmühle parallel zur stillen Landstraße, dann geht es wieder durch den Wald. Auf dem Wirtschaftsweg über die herrliche Höhe biegen wir ab nach Nordwesten ins Seitental nach Olpe, der tiefstehenden Sonne entgegen. Gleich sind wir da, zurück an Bushaltestelle oder geparktem Auto.

Der NixWieHinweis

Eigentlich ist unser heutiger NixWieHinweis eine richtige Sensation, zumindest steht er dem bergischen Freilichtmuseum im Kapitel Lindlar hinsichtlich baulich-historischer Substanz in nichts nach, im Gegenteil. Also: Schwärmen Sie für schwarz-weiße Häuser oder hungern Sie gar danach, dann müssen Sie nach Gut Hungenbach. Hier wurden nämlich 34 historische Fachwerkhäuser, die woanders im Bergischen Land abgerissen und weggeschmissen werden sollten, zusammengetragen und nach und nach von privater Hand über die letzten 12 Jahre liebevoll wieder aufgebaut. Jetzt zieren Sie die Wiesen und Hänge vom „Kulturgut Hungenbach" wie der Kuchen die Bergische Kaffeetafel. Sahnestück auf der Tafel ist sicherlich das Wohnhaus des bekannten Augenarztes und Schriftstellers Johann Heinrich Jung-Stilling, eines engen Freundes vom ollen Goethe. Oder die Ritterburg Varresbeck aus Wuppertal-Varresbeck aus dem 8. Jahrhundert, die demnächst fertig gestellt sein wird. Absolut sehenswert, auch die ori-

5 *„Kulturgut Hungenbach"*
Kürten-Hungenbach
Tel.: 02268-6071

ginalen Inneneinrichtungen. Im Frühjahr 2004 soll nach dem Umbau auch der Hotel- und Restaurantbetrieb wieder aufgenommen werden. Dann ist das Gut Hungenbach auch gleichzeitig wieder ein Wanderfilet.

WANDERFILET

6 *„Altbergisches Haus“*
Kirchplatz 3
51515 Kürten
Tel.: 02268-7050
www.altbergischeshaus.de
Ö: Di-Sa ab 16 Uhr, So ab 11 Uhr u. durchgehend warme Küche.

Salat mit Putenbruststreifen 10 €; Feldsalat mit Walnussdressing, Knurrhahnfilet und geb. St. Pierre 11,80 €; saisonal wechselnd.

Altbergisches Haus

In Kürten gegenüber der Kirche steht das schöne über 200 Jahre alte Fachwerkhaus mit dem durchaus glaubwürdigen Namen „Altbergisches Haus“. Das Ehepaar Schumacher hatte vor nicht allzu langer Zeit das unter Denkmalschutz stehende Restaurant modernisiert und teilt sich nun Küche und Gastraum. Es gibt noch einen gemütlichen Schankraum mit Theke zum kürzeren Verweilen sowie den freundlichen Gastraum zum Schmausen und für den längeren Genuss. Rheinischer Sauerbraten, Dicke Bohnen oder Kalbsrücken im Speckmantel, Seeteufel oder gebratene Scampis kommen hier auf den Tisch. Auch Bergische Waffeln oder eine Bergische Kaffeetafel (auf Vorbestellung) dürfen auf der Karte eines in Kürten geborenen Chefkochs ja keineswegs fehlen.

4 *Café-Restaurant*
„In der Delling“
Delling 12
51515 Kürten-Delling
Tel.: 02268-7428
Ruhetage: Di, Do

In der Delling

Seit 1922 im Familienbesitz ist der ehemalige Bauernhof in Delling. Und so schnell wird die Familie das Café und Restaurant auch nicht hergeben, in dieser eindeutig geschäftsfördernden Lage direkt neben der schönen Dellinger Kirche. 1922 hieß der Salat, der als Unkraut im Garten wuchs, noch Rauke. Inzwischen hat sich der Name Rucola sogar bis Delling herumgesprochen. Hier gibt's ihn mit Tomaten und Mozarella. Natürlich auch: Bergische Waffeln, Schnittchen, Schnitzel, Kaffee und Kuchen und immer mittwochs Reibekuchen. Oder freitags als „Abendmahl“ ab 18 Uhr die unbergischen Spare Ribs mit Krautsalat, frischem Brot und zweierlei Saucen zum Sattessen ohne Ende (9,80 €).

Bergische Waffel mit Kirschen u. Sahne 3,50 €; Kalte Platte „Dellinger Art“ 5,90 €; 3 Reibekuchen m. Kompott 6,– €

So, das war's auch schon aus dem Wanderland. Also raus aus dem Sessel und auf nach Kürten und Delling! Tschüß und viel Spaß!

Tour 7, *10-km-Rundwanderung: Olpe – Bornen – Forsten – Dahlerhöh – Neuenhaus – Ommerborn – Delling – Schultheismühle – Olpe:* Start Wander-P Olpe (am Feuerwehrhaus); Str. überqueren mit Wanderweg **(A2,3)** am Weiher entlang durch Waldstück hinauf nach Bornen; Str. rechts ab durch Bornen **(Raute 9)**; 2. Str. „Kirchweg" links ab vorbei an Glaswerkstatt **(Raute 9)**; am Waldrand rechts ab bis Forsten; im Ort rechts ab und auf Landstr. 500 m links weiter **(A1)**; hinter Ortschaft Biesenbach Landtr. verlassen und geradeaus auf Schotterweg weiter **(A1)**; weiter vorbei an Gebäude „Dahlerhöh" mit Weg in den Wald hinein **(A1, X19)**; nach Waldstück auf der freien Höhe rechts ab durch Neuenhaus Teil 1 und nach Serpentinen durch Neuenhaus Teil 2; in Neuenhaus rechts ab in Waldstück und Waldweg hinauf bis Waldrand vor Kloster Ommerborn **(alles A1, X19, K)**; am Waldrand direkt rechts zurück auf Waldweg talwärts **(A1,4)**; im Tal auf Fahrstr. rechts ab am Olperbach entlang bis Delling **(A4)**; in Delling zwischen Kir-

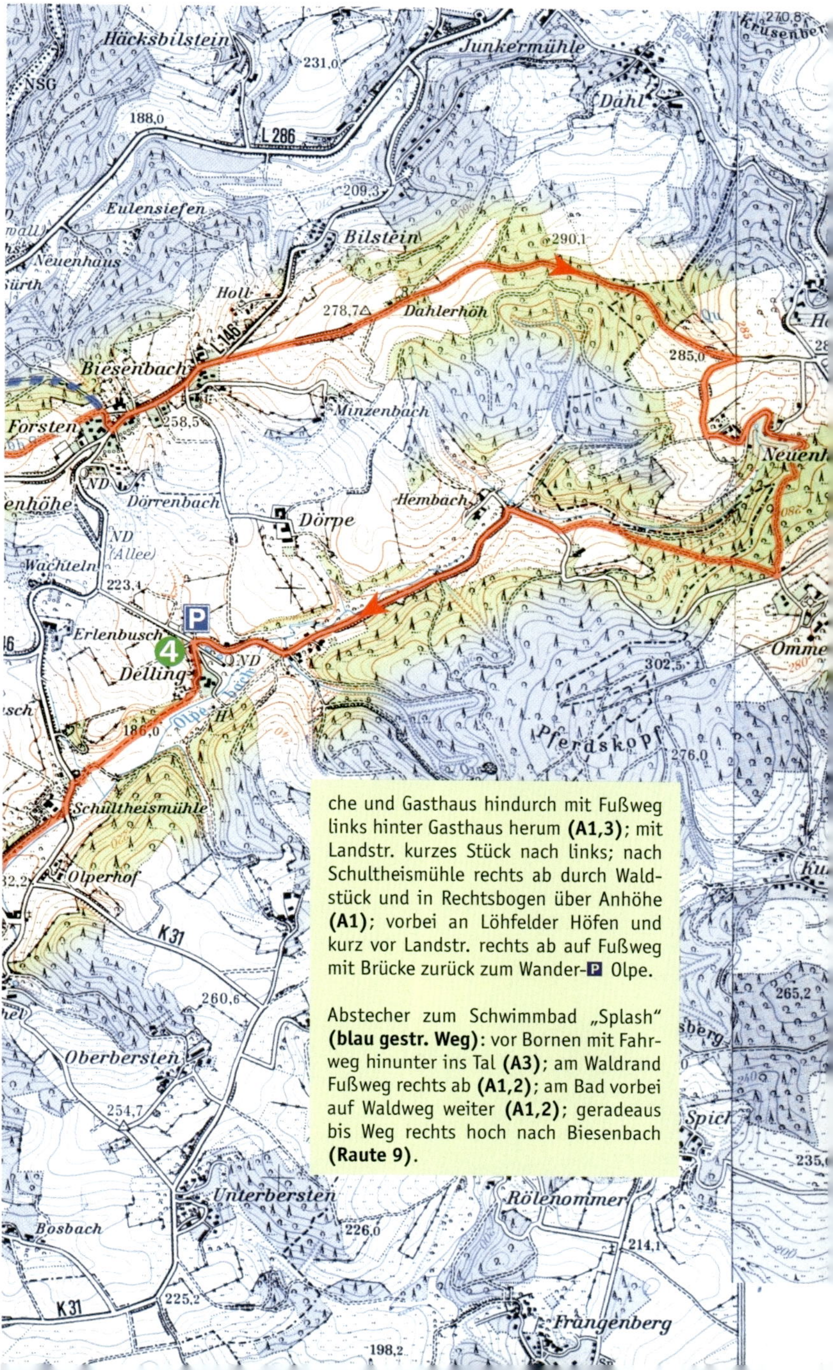

che und Gasthaus hindurch mit Fußweg links hinter Gasthaus herum **(A1,3)**; mit Landstr. kurzes Stück nach links; nach Schultheismühle rechts ab durch Waldstück und in Rechtsbogen über Anhöhe **(A1)**; vorbei an Löhfelder Höfen und kurz vor Landstr. rechts ab auf Fußweg mit Brücke zurück zum Wander-P Olpe.

Abstecher zum Schwimmbad „Splash" **(blau gestr. Weg)**: vor Bornen mit Fahrweg hinunter ins Tal **(A3)**; am Waldrand Fußweg rechts ab **(A1,2)**; am Bad vorbei auf Waldweg weiter **(A1,2)**; geradeaus bis Weg rechts hoch nach Biesenbach **(Raute 9)**.

TOUR 8: BRÜHL

Wo die Ville ist, ist auch der Weg!

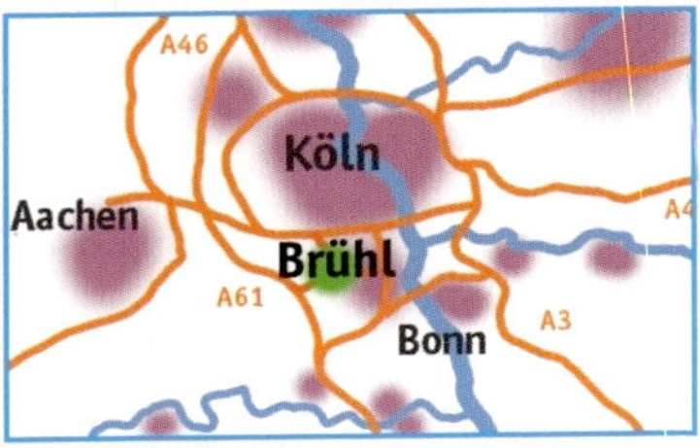

Hin: *10 km südl. von Köln; aus nordwestl. Ri. A1 Kreuz Bliesheim, A553 AS Brühl-Ost; aus östl. Ri. A1 Kreuz K.-Süd, A555 AS Köln-Godorf Ri. Brühl; Deutsche Bahn Bhf. Brühl.*
Weg: *5 km Rücke-vor-auf-Schlossallee-Rundwanderung oder 11 km leichte Villenrunde ohne Seeschwäche.*

In Brühl gibt's noch Häuser wie gemalt.

Heute kehren Paul und ich mal wieder vor unserer eigenen Haustür oder besser: vor den Toren Kölns. Wir wollen zuerst ins schöne Brühl und danach einen Wanderweg quer durch die Ville suchen. Denn, wie heißt es so schön? Wo die Ville ist, da ist auch der Weg!

Vor dem 1. November 2003 gehörte Brühl zum weitläufigen Erftkreis, der danach in Rhein-Erft-Kreis umbenannt wurde; Brühl liegt ja auch näher am

Rhein (5 km) als an der Erft (8 km). Im Jahr 1180 standen hier zwei alte Fronhöfe, die sich „Burghof an der Brule" nannten. Der Name „Brule" übrigens wegen der Lage am Rand des sumpfigen Waldes. Ein Name, der ja auch ziemlich sumpfig klingt, wie ich finde. „Paul, pass auf und fall nicht wieder in die Brule!" Bei den mittelalterlichen Kölner Erzbischöfen, die noch kein hochdeutsch konnten, war dieser Sumpfwald als „dieregaert", also als Tiergarten bzw. Wildpark sehr beliebt.

Wer ist süßer? Putte oder Paul?

Ein kleines Restchen Brule soll's bei Brühl ja noch geben, aber Gummistiefel sind deshalb für unseren Ausflug nicht mehr nötig, so nett und freundlich empfängt uns die Stadt mit ihren alten Bürgerhäusern aus dem 16. bis 18. Jahrhundert. Das älteste Gebäude, das Haus „Zum Stern", hat alle Stadtbrände tapfer überlebt, zu finden seit 1530 in der Nordostecke des Marktplatzes. Rundherum gibt's gemütliche Cafés und dazu – wenn man Glück hat – Musik von Slawa aus der Ukraine: Cellosuiten von Bach. Etwas aus dem Takt und von den Kindern heftig sturmgebeutelt schwankt dagegen das Wikingerboot vorm Rathaus im alten Franziskanerkloster neuen Kontinenten entgegen.

C und A stehen in Brühl für Kurfürst Clemens August von Wittelsbach.

Paul und ich schweifen kurz zurück in die Vergangenheit: Wir schreiben das Jahr 1285. Brühl besitzt Stadt- und Marktrechte, und das Kölner Erzbistum besitzt Brühl. Damit das so bleibt, schottet man die Stadt mit einer kräftigen Stadtmauer und einer robusten Wasserburg nach außen hin ab, vor allem gegen die unabhängigen Kölner Bürger. Die, und nicht nur die, kommen heute besonders gerne nach Brühl, gerade und vor allem wegen der Schlösser. Denn nachdem die Wasserburg 1689 von den Franzosen zerstört wurde, kam nur 36 Jahre später der junge Kurfürst Clemens August von Wittelsbach (1701–1761) hier vorbei, blieb in Brühl hängen und wollte natürlich angemessen wohnen. Aber nicht in den Burgruinen, nein, ein neues

Brühler Schlösser
Schlossstr. 6
50321 Brühl
Tel.: 02232-44000

Schloss musste her. Also begann der renommierte Barockarchitekt Johann Conrad Schlaun zu bauen. Der plante, ein bisschen romantisch, ein bisschen verspielt, eben ganz im Stil des Barock um 1725. Von diesen Plänen hörte auch Augusts Bruder Karl Albrecht. Der schickte erst ein Fax „Hör auf, das ist ja völlig veraltet" und dann seinen Hofarchitekten Cuvilliés nach Brühl. Denn Bruder Karl Albrecht war nicht nur Kurfürst von Bayern, sondern wusste auch, was zur Zeit in Sachen Schlössern angesagt war, nämlich „Rokoko"! Stilistisch hieß das: Alle militärischen Bauelemente wie Gräben und Wehrmauern sind verpönt; Pracht und vor allem Eleganz sind jetzt up to date! Das galt auch für den zur Wasserburg gehörenden Wildpark: Mit in der 1. Klasse des kurfürstlichen ICE aus München saß nämlich auch Gartenkünstler Dominique Girard, auf seinem Schoß die Pläne für einen perfekt durchgestylten Schlossgarten. Nix mehr mit Wildwuchs im Wild-Park! Die Natur soll beherrscht und in geregelte Bahnen gebracht werden! Was ist bei all dem herausgekommen? Eine der schönsten Schloss- und Gartenanlagen im französischen Stil, mit kräftigen Barockelementen und viel Rokoko-Eleganz.

Ö: Schloss Augustusburg
Di-Fr 9-12.30 u. 13.30-17 Uhr,
Sa, So u. feiert. 10-18 Uhr
Eintritt: Erw. 4 €,
Familien 9 €,
Schüler/Studenten 3 €
Schlosspark: Apr.-Okt. tägl. 9-18 Uhr,
Nov.-März tägl. 10-17 Uhr

Schloss Brühl wurde Lieblingssitz von Clemens August und später repräsentative Adresse bei Staatsempfängen unserer Bundespräsidenten. Nachdem diese nun im Schloss Bellevue in Berlin residieren, musste sich Schloss Brühl einen neuen Job suchen, als Weltkulturerbe bei der Unesco beispielsweise oder als Ausflugsziel für Wanda und Paul und für Sie alle. Die Wohnungsbesichtigung, besser Schlossführung geht durch 17 Repräsentationszimmer: Audienzsäle, Prunkschlafzimmer, Bibliothek, Sommerappartement, Winterappartement ... Danach wollen die meisten Besucher – wie auch wir – erst über die herrliche Südterrasse, dann durch den prächtigen Park wandeln und schlendern und sich – ganz ohne nervöse Eile – zwischendurch im Spiegelweiher spiegeln.

Wir wollen gen Süden, wo sich der Park in der Weite zu verlieren scheint. An der letzten und größten Wasserfontäne im Rundbecken geht's vorbei bis hin zu dem Stern, an dem sich sechs Wege kreuzen. Paul und ich schlagen den halblinken zum so genannten Hochwald ein. Von hier sind es jetzt noch schnurgerade 1.322 Meter bis zum nächsten Schloss, dem Jagdschlösschen Falkenlust, das ebenfalls nach Plänen von Architekt Cuvilliés kurz nach Schloss Augustusburg fertig wurde. Kurfürst Clemens August war der Falkenjagd verfallen. Niemand anderer außer ihm, auch kein Adeliger, durfte innerhalb seines kurfürstlichen Herrschaftsbereiches diesen „Sport" ausüben. Unter dem kurfürstlichen Jagdfieber zu leiden hatten hier vor allem die Fischreiher, auf die man die Falken abrichtete. Die Reiher schliefen in ihren Nestern im Schlosspark und flogen tagsüber zum Fischefangen an den Rhein. Und genau unter dieser Flugbahn liegt nun das hübsche Lustschlösschen mit Ställen für die Pferde, Zimmern fürs Jagdpersonal sowie prächtigen Räumen zum Speisen, Übernachten und für abhörsichere politische Geheimverhandlungen.

Ö: Schloss Falkenlust: Di-Fr 9-12.30 u. 13.30-17 Uhr, Sa, So u. feiert. 10-18 Uhr, Eintritt: Erw. 3 €, erm. 2,50 €, Familien 7 €, Schüler/Studenten 2 €

Das Schlösschen liegt ein wenig abseits des großen Parkgeländes. Um dorthin zu kommen, nehmen wir die schöne Falkenluster Allee, passieren unterwegs gleichzeitig Kreisstraße und Eisenbahn und drehen auch schon eine Runde durch den kleinen Park rund um die hübsche „Maison de plaisonce". Oben auf dem Belvedere, der Aussichtsplattform des „Spaßhauses" stand die Jagd- und Spaßgesellschaft und konnte die Falkenshow hervorragend beobachten. Während unten im schattigen Park derweil die Tierschützer in der barocken Muschelkapelle für das Leben der Fischreiher beteten. Oder?

Wir drehen wieder um und kommen über die lange Lindenallee zurück zum riesigen Schlosspark, in den wir noch einmal richtig eintauchen wollen. Bald auf schmaleren Pfaden schleichen Paul und ich durch einen rheinischen Urwald, wie er weit und breit einmalig in seinem naturnahen Zustand ist. Die riesigen Rotbuchen und Stieleichen sind bis zu 250 Jahre alt. Hier nisten seltene Schwarzspechte, die nur in die dicksten Baumstämme ihre Bruthöhlen hacken; nach Auszug der Spechte beziehen gerne die bedrohten wilden Hohltauben die verlassenen Höhlen. Es lohnt sich, hier Augen und Ohren offen zu halten, auch um nicht gegen Gingko- oder Mammutbäume zu laufen, versehentlich auf Bergmolche und Erdkröten zu treten oder in einen der vielen Tümpel zu fallen. Der Brühler Urwald steht seit 1288 – damals als so genannter Bannwald im Interesse der Jäger – unter höchstem Schutz und hat sich daher als einer der wenigen Restwälder in der gesamten südlichen Kölner Bucht gehalten.

Ist allein schon einen Ausflug wert: eine Wanderung durch den alten Brühler Schlosspark.

Kommen wir nun zum Stichwort Surrealismus, denn genau damit ist ein ganz besonderer Brühler weltberühmt geworden. Ein Brühler? Jetzt aber mal Ernst! Genau. Max Ernst, 1891 in Brühl geboren und 1976 in Paris gestorben. Paul und ich haben uns die Sammlung von über 500 Werken des großen Surrealisten und Dadaisten im Max-Ernst-Kabinett begeistert angesehen. Anstelle des Kabinetts öffnet Ende 2004 unmittelbar neben dem Schloss das völlig neue Max-Ernst-Museum seine Pforten. Damit wird die Stadt Brühl weltweites Aufsehen in der Kunstwelt erregen. Max Ernst, auch „Dada-Maxe“ genannt, begann schon als Junge in seiner Heimatstadt zu zeichnen. Sein Vater war übrigens

Taubstummenlehrer und gab den Kindern inklusive seinem Sohn Max Malunterricht. Vielleicht hat ihn ja das entscheidend inspiriert. Max Ernst floh als „entarteter Künstler" vor den Nationalsozialisten in die Vereinigten Staaten und war dort zwischenzeitlich mit der Kunstsammlerin Peggy Guggenheim verheiratet (Guggenheim-Museum, schon mal gehört?). 1976 starb der „Maler des Unbewussten" in Paris in der Nacht vor seinem 85. Geburtstag, hinter sich ein sehr bewegtes Leben.

„Für Brühl wird's Ernst", wenn im Jahr 2004 das neue Max-Ernst-Museum seine Pforten öffnet.

Ein bewegtes Leben steht auch uns gleich bevor, denn wir bewegen uns jetzt aus Brühl hinaus und hinauf aufs Vorgebirge. „Einmal die Ville-Seenplatte, bitte!", bestellen wir für unsere Wanderung, „mit besonders viel idyllischen Wanderwegen, jungem Wald und 40 Seen!" Mmmh, lecker. Hier oben am Brühler Wasserturm mit Einkehrmöglichkeit und großem Wanderparkplatz zieht Paul immer stärker an der Leine, denn jetzt geht es endlich richtig hinein ins Grüne.

Kaum zu glauben: Die Erholungslandschaft westlich von Brühl ist aus Kohlegruben hervorgegangen. Schon in urigen Urzeiten standen hier Wälder, aus denen schließlich die unterirdischen Braunkohleflöze entstanden sind, die an dieser Stelle seit 1766 bis ins Jahr 1964 im Tagebau ausgegraben wurden. Daher laufen wir jetzt durch einen sehr ungewöhnlichen Wald, der größtenteils kaum älter als 50 Jahre ist. Immerhin sah es hier bis in die 1960er Jahre hinein aus wie in der Wüste, als links und rechts in vielen kleinen Gruben die Bagger die Kohle abräumten, die dann in Fabriken zu Briketts gepresst wurde.

Wanderkarte u. Info bei Rheinbraun AG Pressereferat Stüttgenweg 2 50935 Köln Tel.: 0221-48022017

Wo die Kohle weg war, wurden schnellwachsende und anspruchslose Pappeln als so genannter Pionierwald zur raschen Begrünung gepflanzt. Inzwischen stehen hier auch Eichen und Buchen. Alte und dicke Baumstämme wie vorhin im Schlosspark sucht Baumfan Paulchen also vergeblich. Von unseren antiken Vorfahren wurden diese Wälder hier übrigens „Vele“ genannt, von „Veleda“, einer germanischen weisen Frau, die als Priesterin und Seherin im Wald lebte. Die Urwälder sind heute verschwunden. Die Seherin auch. Nur der Name „Ville“ ist geblieben.

Unser Weg hat uns mitten in den Wald hineingeführt und zeigt uns bald auch schon das erste Gewässer, eines der kleinsten, den Fasanenweiher. Weiter geht's nach einer Rechtskurve hinunter zu einem der größten Seen, dem Heider Bergsee. Der breitet sich rechts von uns aus und wird vom Schluchtsee links von uns nur durch den schmalen Erdwall getrennt, über den Paul und ich uns gerade zwischen den Seen hindurchschlängeln. Nicht zu viel versprochen, die Idylle gibt es tatsächlich. Wir latschen weiter. Dass hier einmal kräftig umgegraben wurde, merken wir immer wieder an den kurzen Anstiegen und manchmal ziemlich steilen Hängen, über die unser Weg seinen Lauf nimmt.

Am Heider Bergsee wurde 1877 das erste rheinische Brikett gepresst. Die verkauften sich so gut, dass bis heute noch eine Menge Kröten übrig geblieben sind.

Unsere Tour trifft nun auf den westlichen Uferweg des Heider Bergsees. Und genau hier an dieser Stelle wurde am 1. März 1877 das erste rheinische Brikett gepresst. Doch alles, was ich sehe, sind die strahlend weißen Segel der flott kreuzenden Segelbötchen – von schwarzem Kohlenstaub keine Spur – und ganz hinten ein Campingplatz mit im Wasser plantschenden Menschen. Die finden wir auch im Bleibtreusee, den wir nach einem Schlenker durch den Ortsteil Heide erreichen. Hier auf dem größten der Seen lassen sich auch gerne die Surfer ins Wasser fallen. Die Namen vieler Seen erinnern übrigens an die Namen der Grubenbesitzer oder Bergwerksdirektoren – Bleibtreu-, Donatus- oder Otto-Maigler-See beispielsweise. „Schade, Paul, dass wir damals keine Kohlegrube hatten, sonst gäbe es heute einen WandaundPaul-See."

4

Wollten Sie schon immer mal einen Hochspannungsmast besteigen? Bitteschön!

Bevor wir gleich dem Bleibtreusee untreu werden, besteige ich noch den Aussichtsturm wenige Meter vom Badestrand entfernt. Nach 140 Stufen stehe ich dann ganz schön unter Strom, denn unser Turm ist ein riesiger Hochspannungsmast mit Aussichtsplattform. Von hier oben haben wir einen Rundumblick über die gesamte Ville von nord bis süd, insofern ist der Turm auch der Höhepunkt unserer heutigen Tour. Unten angekommen laufe ich wieder gut geerdet mit Paulchen auf dem Forstweg zurück in Richtung Kierberg. Der Margarethenweiher soll für uns der letzte Happen von der Seen-Platte sein, was nicht heißen soll, dass wir davon satt geworden sind. Im Gegenteil, in Kierberg am Bahnhof erwartet Paul und mich auch schon unser erster wirklich sättigender Einkehrtipp und zugleich Endstation vor der Heimfahrt.

WANDERFILET

5

„Kaiserbahnhof"
Kierberger Str. 158
50321 Brühl-Kierberg
Tel.: 02232-25581
www.kaiserbahnhof-bruehl.de
Ö: Do-Sa ab 18 Uhr,
So Brunch ab 11 Uhr

Der Kaiserbahnhof

Immer wenn Kaiser Wilhelm I. im Schloss Brühl übernachteten wollte, reiste er mit der Bahn ohne Umsteigen von Berlin nach Brühl-Kierberg. Für einen standesgemäßen Empfang errichtete man hier im Jahr 1875 eines der schönsten Bahnhofsgebäude Preußens. Wo damals zur Begrüßung des Kaisers Tausende Brühler Untertanen „Vivat, er lebe hoch!" riefen, hört man heute „Prost!" und „Wohl bekomm's!". Bis zu tausend Menschen versammeln sich in der gleichen Kulisse in einem der schönsten und ältesten Biergärten

„Kölsche Levverwoosch“ mit Brot 3,90 €; Großer Salatteller m. Putenstreifen 7,80 €; Grillhaxe m. Sauerkraut u. Bratkartoffeln 7,20 €

Deutschlands. In der Mitte des Gartens schwenkt und grillt ein riesiger Schwenkgrill auf Hochtouren. Neben den Steaks, den Grillhaxen oder anderem Grillgut kann man aber auch gut Kleinigkeiten wie Salate oder Pfannkuchen speisen. Die Winterwanderer wärmen sich eher drinnen im Rittersaal oder in der Braustube. Auch hier kann man 5 Sorten Bier oder die Weinkarte leer trinken, bis der Zug Trier-Köln hält und uns nach Hause mitnimmt.

Für unseren Ausflug nach Brühl haben Paul und ich gleich zwei besondere Tipps vorbereitet, einen für den warmen Sommertag – das ist der überraschend schöne Badestrand am Bleibtreusee, der uns so gut gefallen hat und für den es sich einfach lohnt, die Badehose einzupacken, der zweite Hinweis gilt deswegen aber nicht für schlechteres oder kaltes Wetter.

3 Der Sommer-Tipp: baden im Bleibtreusee.

6 Museum für Alltagsgeschichte
Kempishofstr. 15
50321 Brühl
Tel.: 02232-48325
Ö: Mi, Sa 15-17, So 11-13 u. 15-17 Uhr
Eintritt: 1,50 €

Der NixWieHinweis

Kaum sind wir einmal raus aus dem Alltag, sind wir auch schon wieder mittendrin im Alltag: im „Museum für Alltagsgeschichte“. „Leben gestern und heute in Brühl“ lautet das Motto in einem der schönsten Häuser Brühls, das Paul und ich in einer Seitengasse entdeckt haben. Das Fachwerkhaus von 1744 beherbergt seit 1995 das ganz besondere Museum, einzigartig in Deutschland. Als Kontrast und Gegenpol zum extravaganten Schloss Augustusburg und seiner barocken Herrlichkeit präsentiert sich hier das Leben der anderen Seite, der arbeitenden Untertanen, Menschen und Bürger, der „Normalo's“ sozusagen. Museumsleiter Günter Krüger hat viele Gegenstände aus der Kultur des Alltags von der Römerzeit bis heute zusammengetragen. Das klingt zwar verdächtig nach Heimatmuseum, ist es in gewisser Hinsicht ja auch, aber so etwas haben wir noch nie gesehen. So finden wir uns im Grunde in einer einzigen großen Kunstinstallation wieder, mit uns selbst als Teil davon. Ein Besuch, der richtig Spaß macht. Also raus aus dem Alltag und rein in den Alltag!

Noch etwas: Gegenüber in einer alten Stellmacherei ist das „Brühler-KeramikMuseum" untergebracht, das neueste Projekt der Brühler Museumsgesellschaft e.V. mit Günter Krüger. Dieses Mal geht es speziell um die Geschichte der Töpferkunst, die im mittelalterlichen Brühl ihre Heimat hatte. In der Keramikwerkstatt kann man einer Töpferin bei den Dreharbeiten zuschauen zum Selberdrehen werden Kurse für Kinder und/oder Erwachsene angeboten. Was man nicht selbst getöpfert hat, kann man aber auch kaufen. Im Museumsrestaurant gibt's dann auf den hier gebrannten Tellern frische Leckereien nach köstlichen mittelalterlichen Rezepten und dazu aus tönernen Tassen Tee, Kaffee oder Saft. Hast Du Töne!

Brühler KeramikMuseum **6**
Kempishofstraße 10
50321 Brühl
Tel.: 02232-42642
Ö: Di-Fr 11-16, Sa 15-17, So 11-13 u.15-17 Uhr;
Führungen n. V.
Geburtstagstöpfern für Kinder, max. 10 Teilnehmer 65 €,
Dauer: ca. 120 Min.

Nicht zu schwül, nicht zu kühl, schön war's in Brühl. So, das war unsere Tour ins Vorgebirge, in den gut bepflanzten südlichen Vorgarten von Köln sozusagen. Paul und ich kehren jetzt zurück in unseren Balkongarten zu Hause. Tschühüß!

Touristik-Info Brühl
Tel.: 02232-79345
www.bruehl.de

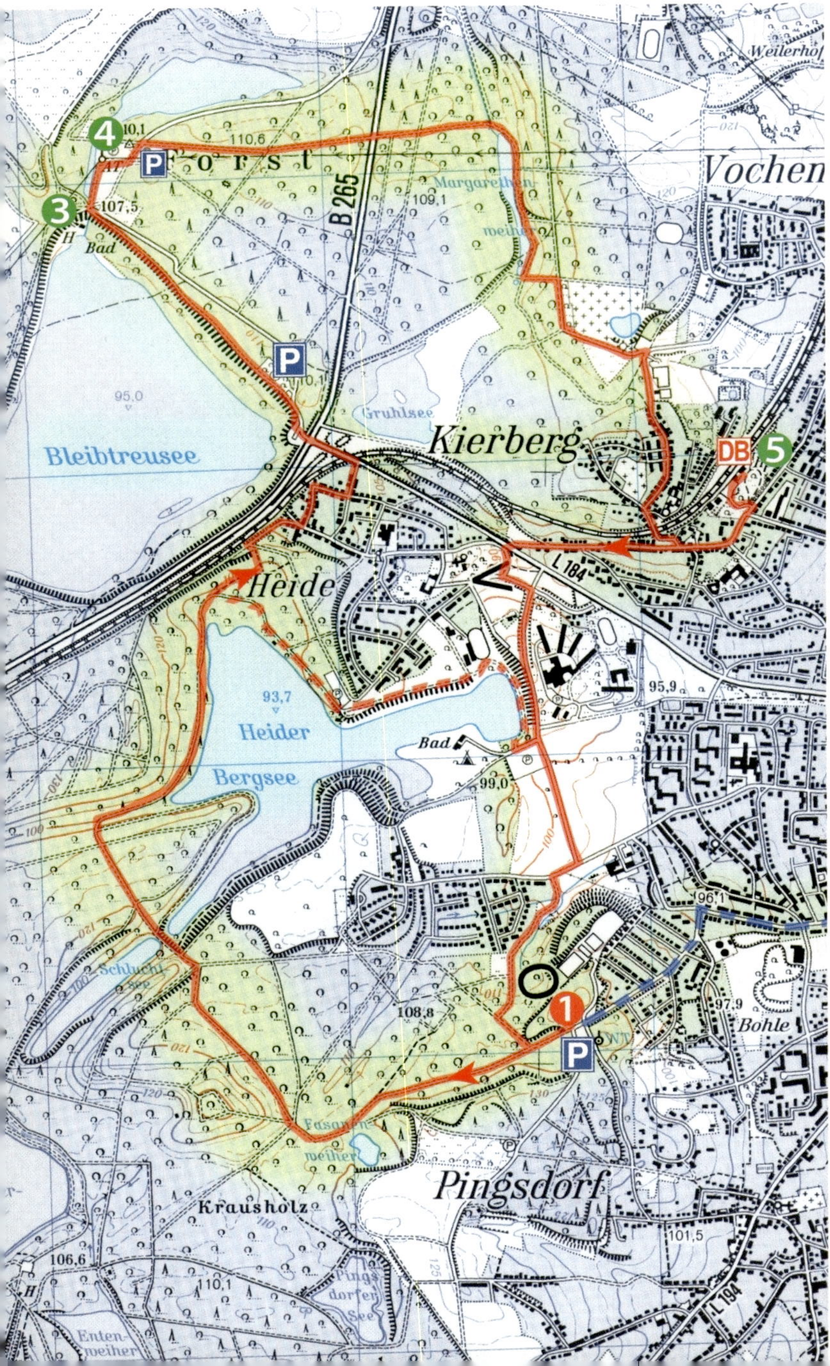
Forst
B 265
Vochen
Weilerhof
Margarethen weiher
Bad
Bleibtreusee
Gruhlsee
Kierberg
DB
L 184
Heide
Heider Bergsee
Bad
Schluchtsee
Fasanenweiher
Pingsdorf
Bohle
Kraushotz
Pingsdorfer See
Entenweiher
L 194
95,0
93,7
99,0
95,9
96,1
97,9
108,8
101,5
106,6
110,1
107,5
110,6
109,1

Tour 8, *5-km-Lustwandelung durch Schlosspark: Schloss Augustusburg – Park – Spiegelweiher – Falkenluster Allee – Schloss Falkenlust – Falkenluster Allee – Kl. Inselweiher – Schloss Augustusburg:* Start P Schloss bzw. DB Brühl; Wege durch Schlosspark bitte an Karte oder eigenem Geschmack orientieren.

11-km-Rundwanderung-Ville: Brühl-West (Wasserturm) – Fasanenweiher – Heider Bergsee – Bleibtreusee – Margarethenweiher (Kierberger See) – Bahnhof Kierberg – Heider Bergsee – Brühl-West: Start P Wasserturm (Gabjeiturm) Ende „Liblarer Str."; mit Weg geradeaus in Wald hinein **(A4,5)**; nach Rechtsknick an Wegekreuz weiter geradeaus **(A4)**; wo **(A4)** scharf rechts abbiegt weiter geradeaus mit Weg hinunter zwischen Schluchtsee (linkerhand) und Heider Bergsee (rechterpfote) hindurch auf **(A3)**; weiter mit **(A3)** wieder hinauf und nach Rechtskurve am Seeufer entlang; am Nordufer geradeaus weiter mit Weg „Römische Wasserleitung" **(falls vorhanden: umgekehrtes U)** (Abkürzung: rot gestrichelter Weg): rechts ab weiter und um Heider Bergsee herum **(A3)**; auf Höhe Südostecke links ab an P vorbei und „Willy-Brandt-Str." rechts ab; weiter s. u.); in Ortsteil „Heide" mit „Villestr."; links ab „Hochstr."; rechts ab „Himmelreich"; links ab „Freiheitsstr."; links ab auf Hauptstr. „Th.-Heuss-Str."; „Luxemburger Str." überqueren und gegenüber mit **(N)** vorbei an P Ri. Badestrand „Bleibtreusee"; auf Höhe Badestrand rechts ab zu Aussichtsturm (Hochspannungsmast); geradeaus vorbei und hinter P auf (zweiten) Weg rechts ab; geradeaus bis Bundesstr.; überqueren und weiter geradeaus; am Ende nach 400 m rechts ab **(N)**; auf Uferweg „Margarethenweiher" entlang; unmittelbar am Ende „Margarethenweiher" links ab und gleich nächste wieder rechts ab; an Friedhof entlang links herum weiter; nach Friedhof rechts ab „Vochemer Str." vorbei an Tennisplätzen; links ab über Eisenbahnbrücke; links ab mit „Schulstr." zum „Kaiserbahnhof Kierberg"; zurück geradeaus auf „Schulstr."; „Talstr."; direkt nach Unterführung unter Bundesstr. links ab „Klosterbenden"; nächste links ab „Winterburg"; nächste rechts ab „Willy-Brandt-Str." vorbei an Ostufer „Heider Bergsee"; weiter geradeaus; ab P mit Wegezeichen „Röm. Wasserleitung" **(umgekehrtes U)**; nächste „Rodderweg" rechts ab; nächste vor Siedlung links ab **(alles mit U)**; im Wald auf Weg links ab **(A4)**; noch einmal links und zurück zum Wasserturm.

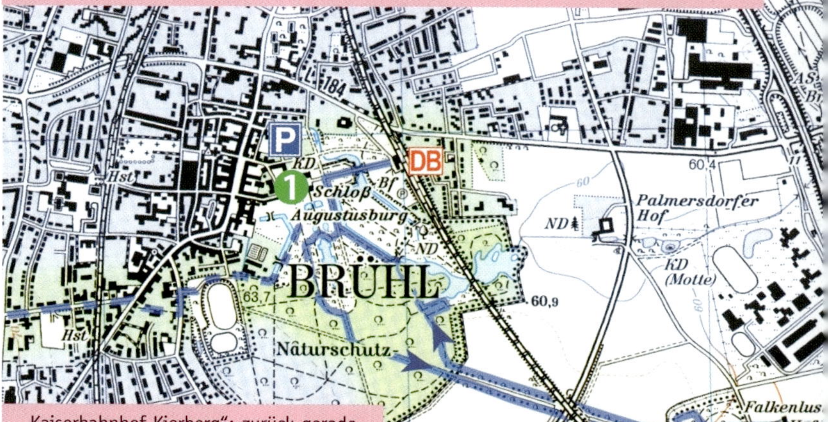

Verbindung vom Schlosspark zum Start und P Wasserturm: über „Bonnstr.", Pingsdorfer Str.", „Liblarer Str." bis Ende **(blau gestrichelter Weg)**.

TOUR 9: SOLINGEN

Mit Wanda und Paul ins Tal der langen Messer

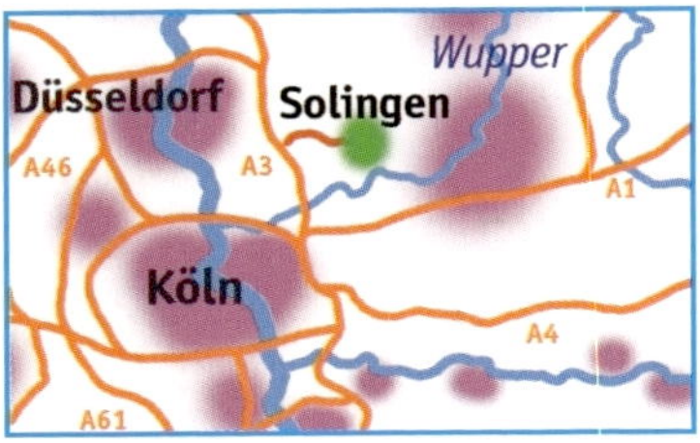

Hin: *20 km nördl. von Köln, 20 km südl. von Düsseldorf; A3 AS Solingen, A46 AS Haan-Ost nach Gräfrath; DB Solingen-Ohligs, O-Bus 681 nach So.-Zentrum, umsteigen 684 nach Widdert bzw. 683 nach Gräfrath.*
Weg: *8 km, 10 km oder 14 km wunderschöne Wupper-Runde zum Hundedenkmal im wupperflüssigen Tal.*

Der schöne Marktplatz und die Stiftskirche „Freiheit Greveroide"

Eine Bergische Stadt im Bergischen Land an einem Bergischen Fluss? Solingen! Paul und ich spielen mal wieder Bergisches Stadt-Land-Fluss. Und Sie spielen mit! Solingen? Wo liegt das eigentlich? Sehr wahrscheinlich in Ihrer Besteckschublade, Sie brauchen nur hinein zu sehen! Bestimmt schmieren auch Sie Ihr täglich Brot mit Solinger Messern. „Beste Qualität aus Solingen", das gilt nicht nur für Messer und Scheren, sondern auch für unsere Wandertour, die wir heute ins Tal der Wupper unternehmen wollen.

Hier können wir mal wieder eine Tour mit einem richtigen Frühstück beginnen. Deswegen sitzen wir jetzt auch auf der gemütlichen Terrasse vorm „Kaffeehaus" am herrlichen Gräfrather Marktplatz. Der zählt mit seinen schwarzgeschieferten Fachwerkhäusern zu den schönsten und rundesten Plätzen im Bergischen Land. Und zu den lebendigsten. Bei schönem Wetter zieht es eine Menge Leute in die 360 Grad Idylle barocker Schieferhäuser, gemütlicher Restaurants und sonniger Biergärten. Wanderfilets passend für jede Geschmacksrichtung und jeden Geldbeutel gibt es hier auch reichlich: bürgerlich und altdeutsch im schönen „Hotel Zur Post" mit der legendären Kaukasischen Kräuterhaxe und 30 gemütlichen Betten; oder ganz lecker spanisch im „Casa Pedro" oder europäisch in der „Brasserie de Leuw" oder oder oder...

Frühstücken tägl. bis 15 Uhr; So großer Frühstücksbrunch 11 €, Ki. 6,50 €

„Kaffeehaus"
Gräfrather Marktplatz 7
42653 Sol.-Gräfrath
Ö: tägl. 10-1 Uhr
Tel.: 0212-593322

Nach Rührei, Kaffee und Obstsalat wollen wir uns gleich um die Sache mit den berühmten Klingen, Scheren und Messern kümmern. Dazu steuern Paul und ich jetzt mit vollem Frühstücksbauch die grandiose Kirchtreppe an, die so heißt, weil sie vom Marktplatz hinauf zur Stiftskirche führt. „Komm Paulchen, nimm deine 4 Beine in die Hand, die steigen wir jetzt hinauf."

Messer, Gabel, Schere und sogar auch Licht gibt's im Klingenmuseum.

In Solingen geht's fast immer entweder hinauf oder hinab, was wir nachher in der Tat noch erleben werden, von den Uferwegen an der Wupper entlang einmal abgesehen. Hier oben im ehemaligen Gräfrather Frauenkloster ist seit 1991 das Deutsche Klingenmuseum Solingen zuhause. Das klingt ja sehr geschliffen, fast ein bisschen gefährlich, ist es aber nicht. Ich bin ja kein Waffennarr, aber in den hellen, neu gestalteten und friedlichen Klostermauern war sogar ich beeindruckt von der spannenden Geschichte der Blankwaffen – das sind alle Arten von Schwertern, Degen oder Säbeln – vor allem aber von den Bestecken und Schneidwaren, mit denen

Deutsches Klingenmuseum
Klosterhof 4
42653 Sol.-Gräfrath
Tel.: 0212-25836-0
Ö: Di-So 10-17 Uhr, Fr 14-17 Uhr, Mo zu
Eintritt: Erw. 3 €, ermäßigt 1,50 €
www.klingenmuseum.de

Falls Sie Ihr Taschenmesser in der Hose drückt, dann nehmen Sie doch dieses.

nicht gemordet wird. Die umfassende Sammlung zeigt Werkzeuge von der Bronzezeit bis heute. Falls Sie Ihr Taschenmesser in der Hose drückt: In einer Vitrine ist ein besonders imposantes Exemplar ausgestellt. Die Tasche zu diesem Taschenmesser möchte ich sehen. In Solingen selbst schmiedete man Schwerter seit dem 14. Jahrhundert. „Me fecit Solingen" steht da eingraviert: „Mich machte Solingen". Einheimisches gibt es zu sehen, das Schwert vom Fürsten Bismarck oder vom Kaiser Wilhelm beispielsweise. Manches „klingt" hier aber auch sehr exotisch: Katana und Wakizashi sind scharfe Sachen aus dem Land der Samurais; oder der indische Tulwar, ein Säbel, und der malaiische Kris, ein ganz besonderer Dolch aus Indonesien, in dem sogar außerirdisches Metall von Meteoriten verarbeitet wurde.

Hab' ich nicht im Museum entdeckt, sondern bei der Firma Pott: die einzige 5-zinkige Gabel der Welt, entworfen von Carl Pott, zum Erbsenessen.

Bleiben wir auf der Erde, und kommen wir zurück nach Solingen. Schließlich werden bis heute noch 90 Prozent aller westdeutschen Schneidwaren hier produziert. Kein Wunder also, dass jeder zweite Betrieb in Solingen damit zu tun hat. Ganz schön viel zu tun hat auch die auf Besteck spezialisierte Hugo Pott GmbH, die Paul und ich für unseren Film und aus Neugierde besucht haben. Hier werden die feinsten Messer, Löffel und Gabeln noch in traditioneller Handarbeit hergestellt. 37 Arbeitsgänge für eine Gabel und sogar 90 für ein Messer sind nötig, um aus einem Stück Metallblech ein edles Besteck für vollendete Tischmanieren zu formen. Zum Schluss erzählt mir noch Hannspeter Pott, dass der Name „Besteck" ja von „beigesteckt" kommt. Die Menschen früher hatten immer ihre persönlichen Messer und Löffel am Gürtel mit dabei, also „beigesteckt".

Paul und ich machen einen Schnitt und verlassen die „Freiheit Greveroide", also Gräfrath, ohne allerdings zu ahnen, dass wir am Abend aus einem ganz bestimmten

Grund noch einmal hierher an den höchsten Punkt der Stadt zurückkehren würden. Wir wollen uns nun ein Stückchen der 355 Kilometer Wanderwege rund um Solingen ansehen. Im Wuppertal unterwegs mit 4 Augen und 6 Füßen, noch ohne Augen. Um ins Tal der Wupper zu gelangen, müssen wir einmal quer von nord nach süd durch Solingen fahren. Und das machen wir jetzt nicht mit der U-Bahn, sondern mit dem O-Bus, einer Solinger Spezialität. O-Bus kommt von Oberleitungsbus. Er fährt mit Strom wie eine Straßenbahn, flüsterleise und ohne Abgase. Die Solinger Straßenbahn war durch den Krieg weit gehend zerstört worden, ein Wiederaufbau zu teuer, man suchte also eine Alternative. So summen seit 1952 die flotten Busse ganz alternativ mit Stromanschluss übers inzwischen 99 Kilometer lange Verkehrsnetz der Stadt. Auch Paul und ich brausen jetzt mit dem Strom und ganz wandermäßig unter Strom zum Stadtteil Widdert, von wo aus wir endlich unsere Fuß- und Flusstour starten wollen.

Mein Vorschlag fürs gemeinsame Wappen der Partnerstädte Solingen und Gouda: das Käsemesser, oder?

Auch die Firma Knirps hat ihren Sitz seit 70 Jahren in Solingen. Dieses exklusive Modell ist ein Paul-Knirps. Für mich und meinen Knirps Paul.

An der Haltestelle Höfchen steigen wir aus und sind an der Börsenstraße, und wenn wir jetzt ein paar Meter zurücklaufen, stehen wir vor der Dampfschleiferei „Loos'n Maschinn", ein Industriedenkmal, das man auch besichtigen kann. Eine ganze Reihe solcher Schleifereien und Schmieden aus allen Industrieepochen sind in Solingen erhalten geblieben und werden heute als Sonderausstellungen zur Geschichte der Arbeit vom Rheinischen Industriemuseum Solingen gepflegt. Kaum alles an einem Tag zu schaffen... Infos dazu bekommen Sie bei der Stadt Solingen.

Wenige Meter nur zu Fuß, und wir sind schon aus den Häusern hinaus und fallen hinunter ins Wuppertal. Hatte ich Ihnen schon vom Klingenpfad erzählt? Nein? Dann ist das jetzt die Gelegenheit. Wir kreuzen nämlich

Seit 1935 gibt's den Solinger Klingenpfad. Zum 60. Geburtstag wurde er renoviert. Kostenloses Heftchen mit Wegbeschreibung und Karte gibt's bei der Stadt.

gleich im Wald, nicht die Klingen, sondern den Klingenpfad, den legendären mit S wie Solingen gekennzeichneten Weg. Der Klingenpfad ist ein aus 9 Etappen zusammengesetzter Wanderweg, der auf insgesamt 75 Kilometern durch Natur und Kultur rund um Solingen führt und wo startet? Am Klingenmuseum, genau. Der Pfad führt auch an einigen Schleifkotten vorbei, die Etappen sind mit 6 bis 10 Kilometern aber nicht zum Schleifen der Wanderer, sondern für unsere Erholung gedacht. Seit 1935 gibt's den Klingenpfad, zum 60. Geburtstag wurde er renoviert.

Weiter geht es und an einem Bächlein entlang hinunter, bis wir an die Wupper stoßen, die wir heute im Uhrzeigersinn umlaufen wollen. Also links herum auf dem Uferweg. Und schon passieren wir die erste der ehemals 26 Schleiferwerkstätten an der Wupper, den Heiler Kotten. Hier schliffen bis Ende der 1940er Jahre bis zu 60 Schleifer Rasiermesser und andere Werkstücke – immer mit der Wasserkraft des Flusses.

In Obenrüden sehen wir oben den Rüden.

Paul und ich staunen nicht schlecht über dieses seltsame Hundeexemplar, ganz allein im Wald, und unangeleint.

Nach einem knappen Kilometer überqueren Paul und ich die Wupper. Auf der Landstraße, die weiter nach Witzhelden führt, biegen wir nach den letzten Häusern von Wupperhof auch schon wieder ab und befinden uns auf dem Wanderweg – spätnachmittags könnte man auch Joggerweg sagen. Es geht jetzt gemächlich wupperabwärts. Eine Flussschleife kürzen wir auf unserem Weg etwas ab und bald haben Paul und ich auf einer langen Geraden und wieder näher am Wasser den nächsten Kotten erreicht, den Obenrüdener Kotten.

Spätestens, wenn wir auf Höhe der schmalen Eisenbrücke stehen und links oben in den Wald schauen, entdecken wir auf halber Höhe und im Sommer etwas getarnt einen kolossalen Hund aus Stein. Paul liegt schon ein Knurren auf der Zunge. Den müssen wir uns vornehmen: „Paul, halt, nicht so schnell!“ Dem Schild „Aussichtspunkt Rüdenstein“ nach in den Wald hinein und unter dem Felsen scharf links hoch, ein steiles Stückchen noch hinaufgekraxelt, schon sind wir oben am Denkmal. Der Hund hat seinen Grund und der lautet folgendermaßen: Im Winter des Jahres 1424 jagte Herzog Robert von Berg mit Pferd und Hund unternehmungslustig durch die Solinger Wälder, seine Burg an der Wupper war ja nicht weit entfernt. Hopp-Hopp-Hopp im Galopp über Stock und Stein und Büsche und Bäche, einem kapitalen Hirschen hinterher. Doch plötzlich, an einem vereisten Felshang: Das Pferd strauchelt, fällt, Herzog Robert wird zum fliegenden Robert und landet im Busch. Blutend und bewusstlos. Das jagte seinem treuen Jagdhund einen solchen Schrecken ein, dass der sich sofort aufmachte, des Herzogs Gefolgsleute zu rufen. Ganz wie in Lassies winseligsten Zeiten hieß es bald: „Das ist doch der Rüde vom Herzog. Ich glaube, er will uns etwas zeigen!“ Also auf, dem braven, aber leider namenlosen Hunde hinterher! Gerettet! Ende! Und wie wir sehen, war diese Episode dem Bergischen Adelsmann nicht nur eine Menge Schmackos oder Bonzos wert, sondern sogar ein ganzes Denkmal. „Nicht wahr, Paulchen, du würdest mich doch auch retten.“ Der Aussichtshund ist leider kein Aussichtspunkt, wie angekündigt. Der Wald ist seit der Wiederherstellung des Denkmals im Jahr 1924 gut gewachsen. Zum Drübergucken müsste man schon „auf den Hund kommen“, doch wir sind keine Freeclimber.

Im Winter des Jahres 1424 jagte Herzog Robert von Berg mit Pferd und Hund unternehmungslustig durch die Solinger Wälder – und stürzte schwer!

Auf unserem felsigen Weg passen wir ein bisschen besser auf als der fliegende Herzog Robert.

Wir wollen jetzt die Talhöhen über der Wupper erklimmen und ziehen weiter, Paul nicht ohne den hohen Rüden respektlos zu markieren. Unter dem wirklich steilen Felsen geht es her zum Herzbach, über den uns ein kleines Brückelchen ganz herzlich hinweghilft. Eine ganze Menge Serpentinen bringen uns den steilen Wupperhang hinauf, aber nach einer guten Viertelstunde sind wir dann doch oben angekommen. Außer Puste zwar, aber viel frische Luft kriegen wir wieder auf dem Plateau an einem herrlichen Aussichtspunkt über dem Tal. Von hier aus haben wir einen guten Blick auf unsere beiden nicht-tierischen Rüden: die Ortschaften Obenrüden und Untenrüden, jede jeweils mit ihrem Kotten in Flussnähe. Paul ist aber schon wieder voraus. Es geht weiter, fast in den gleichen Serpentinen durch den Laubwald wieder hinunter ins Tal. Die paar Häuser bilden den Ort Fähr, und fairerweise gibt es statt einer Fähre eine Brücke über die Wupperfurt. Mit ihr kommen wir hinüber nach Untenrüden. In beiden Orten lebten zuvorderst die Schleifer mit ihren Familien, heute wohnen hier hauptsächlich die Liebhaber der schönen und alten Fachwerkhäuser und freuen sich über die Ruhe im Tal, wenn nicht allzu viele Ausflügler unterwegs sind. Um Erfrischungen muss man sich daher auch keine Sorgen machen: In beiden Rüden laden Gasthöfe uns Wanderer mit oder ohne Rüden zur bürgerlichen Einkehr ein. In Untenrüden haben Paul und ich aber noch einen ganz besonderen Kotten entdeckt, und da spricht man heute französisch. Zuerst Motorenwerkstatt, dann Schleiferkotten, zuletzt Gartenhaus und nun Spezialitätenladen – der Hilbertzkotten von 1920 hat eine wechselvolle Geschichte hinter sich und sah wahrscheinlich noch nie so gut aus. Kein Wunder: Hier spielt die Französin Michèle Prat-Küper in ihrem Feinkostladen Göttin aus Frankreich. Aufgewachsen ist sie in der Auvergne (O wer nie dort gewesen ist ...) und kennt daher persönlich all die kleinen französischen Familienbetriebe, von denen sie die ausgefallenen Köstlichkeiten bezieht. Mit 23 Artikeln fing Frau Prat-Küper 1994 an, inzwischen sind es über 250 der erlesensten Gaumenfreuden, die hier mit den Besuchern deutsch-französische Freund-

2

„douce france“
Importe aus Frankreich
Michèle Prat-Küper
Unterrüden 57
42657 Solingen
Tel.: 0212-819678
Ö: Mo, Di, Do,
Fr 15-18.30 Uhr,
Sa, So 10-18 Uhr
www.doucefrance.de
Rezepte für leckere Gerichte gratis zum Mitnehmen.

Mon dieu! In der fertigen Bouillabaise im Glas schwimmen ja ganze Fische!

schaft schließen. Französische Weine aller Farben, daneben Spirituosen, Liköre und Aperitifs, wie man sie nur aus dem Urlaub kennt. Pastis und Pasteten, Eingemachtes und ausgemacht Delikates, exclusivement, von den besten Herstellern. Noch eine von vielen Spezialitäten im „douce france" ist zum Beispiel das Sortiment an seltenen Trockenpilzen. Einen begeisterten Pilzkenner und Feinschmecker habe ich hier prompt getroffen, der suchte für ein spezielles Rezept schon lange nach dem „Mousserons", dem Nelkenschwindling, und hat ihn hier gefunden. Und vor lauter Freude will Herr Dinnebier gleich heute Abend eine Nelkenschwindling-Quiche ausprobieren. Und ich bin dazu eingeladen. An einen ganz besonderen Ort, sein Haus könnte ich überhaupt nicht übersehen, meinte er... Da bin ich ja mal gespannt auf den NixWieHinweis heute Abend.

Nach den Dörfchen Unter- und Oberrüden spaziere ich mit meinem eigenen Rüden weiter durchs Bergische Auenland.

Wir könnten jetzt gut die Runde abkürzen und mit dem großen Elektroauto zum Solinger Hauptbahnhof brausen. Das Ganze hätte uns dann handliche 7 Kilometer weit auf den Beinen gehalten. Da uns aber die wilde Wupper mit ihrer berauschenden Atmosphäre noch ein wenig festhält, wollen wir gut besohlten Wanderer unsere Strecke leichten Sinnes verdoppeln (siehe Karte). Also spazieren wir ebenerdig auf dem linken Uferweg weiter wupperabwärts durchs Bergische Auenland: zuerst vorüber an den beiden Kotten in der Friedrichsaue und schließlich hinein in die breitere Wipperaue. Und hier kommen wir zu unserem ersten NixWieHinweis.

Der NixWieHinweis I

Der einmalige Wipperkotten: So ein richtig schöner Kotten, also eine von diesen für Solingen so bedeutenden Schleiferwerkstätten, ist uns ja heute noch nicht über den Weg gelaufen. Deswegen müssen wir unbedingt noch in der Wipperaue beim Wipperkotten vorbeischauen. Der Doppelkotten

Auf zum wuppigen Wipperkotten!

beherbergt in der einen Hälfte eine private Wohnung mit Atelier, in der anderen Hälfte aber drehen sich noch die einzigen und letzten wupperwasserkraftbetriebenen Schleifsteine Solingens. Draußen plätschert das alte Mühlrad, drinnen in der komplett funktionsfähigen Schleiferei sitzen im dämmrigen Licht selbstständige Heimarbeiter wie sonst nur in einer historischen Filmszene aus dem 17. Jahrhundert. Haben Sie keine Scheu, die Tür zu öffnen und hinein zu schauen. Die Männer sind das gewohnt und lassen sich bei ihrer Arbeit kaum stören. Das Haus ist ja als lebendiges Museum gedacht und wird von einem privaten Förderverein unterhalten, der auch die Schleifstellen an die Schleifer vermietet.

3

Der Wipperkotten ist so etwas wie ein lebender Dinosaurier aus der Morgendämmerung der rheinischen Industriegeschichte. Das wird regelmäßig gefeiert: Zweimal im Jahr im September beim 2-tägigen Kottenfest.

Der NixWieHinweis II

Sie erinnern sich, Paul und ich waren ja noch zum Essen eingeladen. Also schnell zurück nach Gräfrath. Gleich ist es acht Uhr und unser Rätsel ist noch nicht gelöst. Wir suchen ein ungewöhnliches Gebäude am höchsten Punkt Solingens direkt am Gräfrather Tierpark. „Das kann nur dieser komische Turm sein, Paul. Soll ich mal klingeln?" Ja! Wir sind richtig. Die Glastür öffnet sich, und wir betreten den Turm. Raffiniert beleuchtet winden sich Treppen hinauf in die oberen Etagen. Von ganz oben grüßt hocherfreut Herr Dinnebier und heißt uns herzlich Willkommen in seinem Lichtturm. Und über den gibt es einiges zu sagen: „Das war einmal eine alter Wasserturm, Baujahr 1904", erzählt Johannes Dinnebier, „und mein Traum war, da ich mich auch beruflich mit Licht befasse, einen Lichtturm zu realisieren, sozusagen ein Labor für Experimente mit verschiedenen Lichtformen." Johannes Dinnebier ist ein berühmter Lichtdesigner, und ohne ihn wäre es in einigen großen Häusern auf der Welt finster. Für weit über 1.000 Kirchen, Moscheen und Opernhäuser, den Dresdener Landtag und sowohl den Moskauer wie auch den Düsseldorfer

Wasserturm – Lichtturm
Labor für Licht, Energie, Klima
Lützowstr. 340
42653 Solingen-Gräfrath
Besichtigungen und Veranstaltungen unter
Dinnebier Licht
Schloss Lüntenbeck
42327 Wuppertal
Tel.: 0202-274330

Flughafen hat er die Beleuchtung konzipiert. Zwischendurch aber kaufte Dinnebier für 10 Mark von der Stadt Solingen den vom Einsturz bedrohten Wasserturm. Für den sah die Zukunft sehr finster aus, bis 1993 Dinnebier mit seinem Sohn und Architekten Jan damit begann, den Turm zu einer futuristischen Lichtinstallation umzubauen. Drei Etagen für Büro, Bad und Küche wurden eingezogen, ein Schacht in der Mitte freigelassen, und ganz oben anstelle des Wassertanks thront nun in fast 30 Metern Höhe eine mächtige Glaskuppel. Seit 1996 der damalige Ministerpräsident Johannes Rau das Kunststück einweihte, finden hier regelmäßig Konzerte, Vorträge, Kunstaktionen und sogar Gottesdienste statt. Es klingelt! Das Essen ist fertig und kommt mit dem – natürlich selbstkonstruierten – Lastenaufzug nach oben. Ich gerate mal wieder ins Schwärmen: In einem luftigen Lichtturm am höchsten Punkt von Solingen mit einem genial-charmanten Gastgeber direkt unterm Bergischen Himmel und vor mir eine gelungene Quiche mit Nelkenschwindlingen, ganz schön abgehoben.

In schwindelnder Höhe eine Nelkenschwindling-Quiche, mir schwinden die Sinne!

Das war sie auch schon, unsere sonnige Sommerwanderung aus Solingen. Falls Sie jetzt – ob solo oder Sonderling – nach Solingen möchten, dann lassen Sie sich nicht aufhalten. Viel Spaß und Tschüß!

Infos bei Stadt Solingen
Amt f. Öffentlichkeitsarbeit
Cronenberger Str. 59-61
42651 Solingen
Tel.: 0212-2900
www.solingen.de

Tour 9, 8-km-Rundwanderung (roter Weg): Solingen-Widdert – Heiler Kotten – Wupperhof – Obenrüden – Wipperkotten – Untenrüden – S.-Widdert: Start in Widdert **H** „Höfchen" (O-Bus Linie 684) bzw. großer **P** „Gaststätte Meis" (für Wanderer erlaubt); „Börsenstr." überqueren und Str. „Höfchen" links ab; geradeaus und weiter auf Fußweg bis Wald; hier mit „Klingenpfad" **(S)** rechts ab; im Siefeneinschnitt und großer Wegekreuzung scharf links ab über Brückelchen; weiter hinunter bis Uferweg **(A2)**; weiter wupperaufwärts **(A1,2)**; an Landstr. rechts ab und mit Brücke Wupper überqueren **(A1)**; nach Brücke und „Wupperhof" Landstr. verlassen und rechts ab **(A1)**; weiter bis Höhe Wupperbrücke „Obenrüdener Kotten" **(A1, X19)**; Wupper nicht überqueren, sondern hier links ab und im Wald über Holzbrücke rechts ab zum Aufstieg **(X19)**; (Abstecher zum Rüdendenkmal: im Wald vor der Holzbrücke scharf links ab auf felsigem Weg hinauf und wieder zurück **(N)**); in Serpentinen Talhang hinauf und oben rechts ab **(X19)**; nach Schutzhütte und Ausblick Weg rechts ab in Serpentinen hinunter nach Fähr **(X19)**; hier mit Wupperbrücke nach „Untenrüden"; nach kleiner Runde durch Untenrüden (mehrere Einkehrmögl.) an Ecke Einbahnstr. und Bushaltestelle 697 (der fährt auch zurück ins Zentrum) mit „Rüdener Str." taleinwärts ab; unterm Schild „Widdert" zwischen Häusern hindurch auf Feldweg, Fußweg und im Wald bergan; oben auf „Klingenpfad" **(S)** rechts ab; wieder am Siefen mit großer Wegekreuzung vom Anfang kleineren Weg links ab am Zaun entlang hinauf zu „Heiler Str." und „Börsenstr." mit Start.

Variante 10- oder 14-km-Rundwanderung (grüner Weg): an Brücke „Fähr" Wupper nicht überqueren, sondern Weg am Haus vorbei weiter wupperabwärts **(X19, N)**; (nach 1,5 km Umkehrmögl. mit Brücke zur „Friedrichsaue" und zurück nach „Untenrüden"); nach dem Wald geradeaus weiter durch die Aue; auf Fahrweg rechts ab Richtung Wupper; da links ab vorbei am Postkartenblick auf Wipperkotten **(alles N)**; mit Kreisstr. Wupper überqueren und an Haasenmühle (Einkehrmögl.) mit Str. „Wipperaue" rechts ab bis „Wipperkotten" **(A3, S)**; über **P** weiter mit Fußweg direkt an Schleiferwerkstatt und Mühlrad vorbei **(A3)**; nachher auf ruhiger Str. zurück nach Untenrüden **(A3)** (unterwegs Mögl. mit Fußweg **(A2)** links in Wald hinauf und am Talrand mit „Klingenpfad" **(S)** zurück nach Widdert s. o.). Autofahrer können auch gut in Untenrüden parken und starten.
Hier könnte man sich beispielsweise vorm Wandern im „Douce France" den Rucksack voll packen und unterwegs französisch picknicken... oh, lecker, ich wär' sofort dabei.

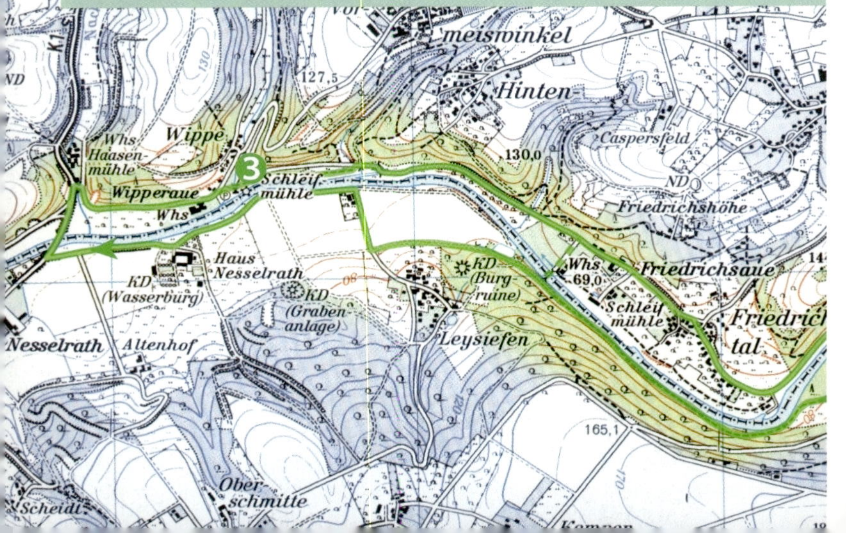

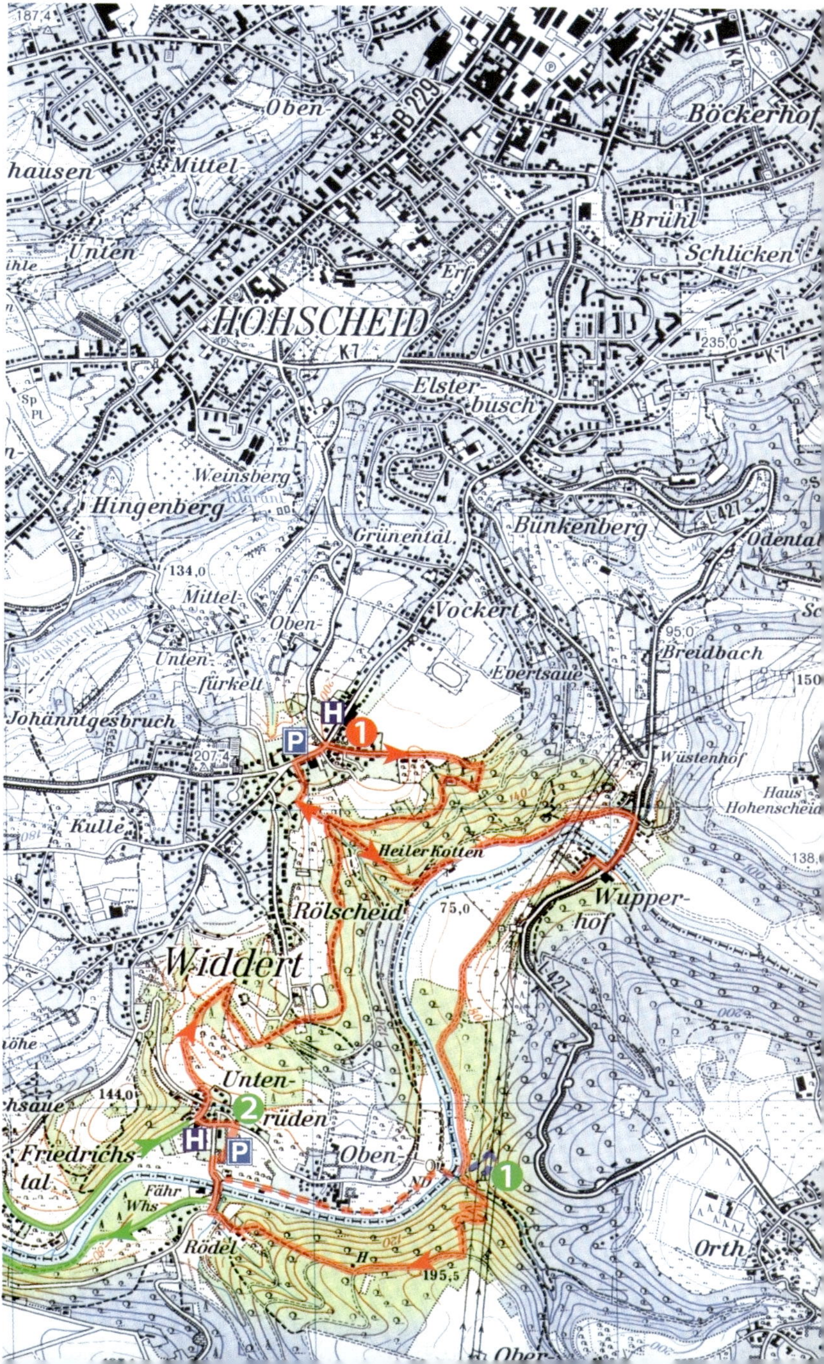
HÖHSCHEID
Oben-
Mittel-
Unten
Böckerhof
Brühl
Schlicken
Elster-
busch
Weinsberg
Hingenberg
Grünental
Bünkenberg
Odental
Vockert
Breidbach
Evertsaue
Unten-
furkelt
Johanntgesbruch
Wüstenhof
Haus
Hohenscheid
Kulle
Heiler Kotten
Rölscheid
Wupper-
hof
Widdert
Unten-
rüden
Oben-
Friedrichs-
tal
Fähr
Whs
Rödel
Orth
B 229
K7
L 427
134,0
207,4
235,0
95,0
75,0
144,0
195,5

TOUR 10: KAISERSWERTH

Besonders werthvoll!

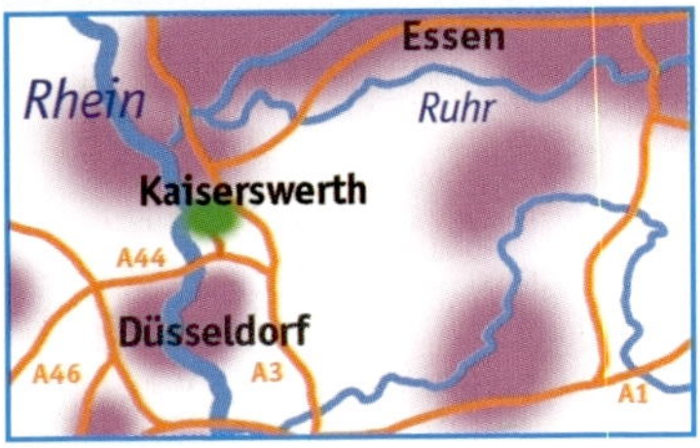

Hin: *nördl. von Düsseldorf; über A44 AS Stockum, B8 nördl. Ri. Kaiserswerth, südl. Ri. Messe/Nordpark; ab Hbf. D'dorf mit Stadtbahn U79 bis Kaiserswerth Klemensplatz.*
Weg: *8 km altrheinische Lightwanderung ohne Berg und Tal, mit grandioser Stadt, Geschichte(n) en mas und Essen trés bon.*

Noch nicht am Ziel, sondern im Düsseldorfer Nordpark.

Paul und ich sind heute in Kaiserswerth. Na ja, eigentlich noch nicht ganz! Wir fangen dieses Mal, und das ist für mich wie für Sie völlig ungewohnt, mit dem so genannten **NixWieHinweis** an: dem Löbbecke-Museum und Aquazoo. Das liegt direkt am Düsseldorfer Nordpark und, deswegen komm' ich überhaupt drauf, gleichzeitig an der Kaiserswerther Straße. Hier springe ich mit Paul aus der Straßenbahnlinie U 79 Düsseldorf-Kaiserswerth und will meinen Hund endlich mal mit seinen schwimmenden Vettern, den Seehunden bekannt machen. Aber wie das mit der Verwandtschaft ja manchmal so ist, man ist zwar verwandt, hat sich aber nicht allzu viel zu sagen. Und so ist es auch mit Paul Wanderhund und dem Ehepaar Rita und Franz Seehund.

Rita und Franz, Pauls Verwandte im Aquazoo.

Seit dem Jahr 1904 gibt's das Düsseldorfer Löbbecke Museum und seit über 50 Jahren plätschern in 80 Aquarien mit 613.000 Litern Wasser über 550 tierische Lebewesen, vom winzigen Bachflohkrebs bis zum atlantischen Braunhai. Mögen Sie keinen Fisch? Im Löbbecke Zoo gibt's nicht nur Freischwimmer sondern auch Nichtschwimmer wie Affen, Reptilien oder Insekten. Lauschen Sie den Ohrenquallen, kämpfen Sie mit dem Goliathkäfer! Das Ganze ist ein fantastischer Ausflug in die nicht nur feucht-fröhliche Tierwelt.

Nemo gefunden!

Nach NixWieHinweis nix wie weiter, durch den blumigen und baumigen Nordpark Richtung Rheinufer. Da checken Paul und ich ein auf ein Ausflugsschiff der Weißen Flotte Düsseldorf. Sehr praktisch, denn das bringt uns ruhigen Fußes und ruhigen Flusses rheinabwärts. Es geht „auf Talfahrt", wie wir Binnenschiffer sagen. Zuvor halten wir Schnauze und Nase in den frischen Wind, schauen uns auf halber Strecke die noch ziemlich neue Autobahnbrücke der A 44 von unten an, und staunen, wie wild es vor allem am linken Ufer geblieben zu sein scheint.

1 *Aquazoo/Löbbecke-Museum, Kaiserswerther Str. 380 (im Nordpark) 40200 Düsseldorf www.duesseldorf.de/aquazoo*
Ö: tägl. 10-18 Uhr
Eintritt: Erw. 5,50 €, Schüler, Stud. 3,50 € Familien 11 €

Da taucht auf der rechten Seite bereits unser Ziel auf, die Gestade von Kaiserswerth, der älteste Stadtteil von Düsseldorf. Hier soll sich schon der alte Kaiser Barbarossa am roten Bart gekratzt haben. Und als Erstes begrüßt uns auch unübersehbar die Ruine seiner Kaiserpfalz, früher eines der mächtigsten Gebäude in Mitteleuropa. Lage: besonders werthvoll! Oder sagen wir bes-

Mit der Weißen Flotte Düsseldorf nach Kaiserswerth Info-Tel.: 0211-326124 www.weisseflotteduesseldorf.de

ser inselig, weil Werth ja eine Bezeichnung für Insel war. Genau solch eine Stelle am Rhein haben die Baumeister des Kaisers gesucht, als sie im 12. Jahrhundert eine neue Zollstation am auch im Mittelalter bedeutendsten Verkehrsweg errichten sollten. Von dieser Pfalz aus sollte man den Rheinstrom beidseitig überblicken und jeden kontrollieren können, der vorbei wollte. Kein Zollhäuschen sollte das werden, sondern eine mächtige 15 Meter hohe Zollfestung mit bis zu 4,5 Meter starken Wänden aus Basalt und Trachyt. So dicke Mauern hatte in Europa zuvor noch keiner gesehen und vom ehemals 30 Meter hohen Turm hatten die Beamten den Kontrollblick über mehr als 14 Flusskilometer! Paul und ich sind inzwischen mit dem Schiff in Kaiserswerth gelandet und gleich zur Festung spaziert, um auf den Ruinenmauern herumzuklettern. Das hätten sich die Kaiser und Könige vor 900 Jahren im Leben nicht träumen lassen.

1

2

Erst im Jahre 1702 während des Spanischen Erbfolgekrieges wurde das französisch besetzte Kaiserswerth neun Wochen lang belagert und beschossen. So lange, bis die Franzosen die Schlüssel für die Kaiserpfalz herausgaben und abzogen. Damit sich hier niemand mehr einnistet, wurde die dicke Festung mit riesig viel Schwarzpulver auseinandergesprengt, sodass sie nur noch als Steinbruch taugte. Was die Kaiserswerther für den Aufbau ihrer ebenfalls kaputten Stadt auch gut gebrauchen konnten. In etliche Häuser aus dieser Zeit sind Teile der Kaiserpfalz eingebaut.

2 *Die Kaiserpfalz hat geöffnet von Mai-Okt. tägl. 10-18 Uhr. Neuerdings auch mit Kulturveranstaltungen und: Seit 2002 wird die Ruine abends beleuchtet!*

Viel ruhiger waren da die Nachbarn vom Inselkloster nebenan. Der wanderfreudige Benediktinermönch Suitbertus fand schon 400 Jahre vor Barbarossa von England hierher, um die hiesigen Landgermanen zu missionieren. Und in der herrlich gelegenen romanischen Stiftskirche, die seit dem 13. Jahrhundert hier zu bewundern ist, fanden seine Gebeine die ewige Ruh', im prunkvollen Suitbertusschrein neben der Apsis. Auf einer der Schmalseiten thront Suitbertus gemeinsam mit König Pippin und Königin Plektrudis, die ihm die Rheininsel geschenkt hatten. Ein Blick in die mit vielen Kostbarkeiten ausgestattete Kirche lohnt sich auf jeden Fall. Draußen schnuppert Paul rund um die Kirche die Mauern ab, und ich genieße noch ein wenig die schattige Ruhe und die ganz besondere Stimmung des Stiftsplatzes, eines der schönsten Plätze am Niederrhein.

Traumhaft: die alte Schönstadt und schöne Altstadt.

Durch das Torhaus auf der Ostseite hindurch kommen wir in die schmale Stiftsgasse, da hole ich mir ein Eis auf die Hand. Dann geht's weiter auf Städtetour, in die Straße „An St. Swidbert" rechts ab. Hier stehen herrliche Häuser des 18. Jahrhunderts zum Teil sogar noch im barocken Ensemble. Das weiß getünchte Haus Nummer 32 besitzt als eines der schönsten Kaiserswerther Häuser wohl noch seine originale Fassade von 1714. Und das Lokal „Domhof" mit Biergarten direkt nebenan war einmal der Kapitelsaal des Stiftsklosters. Am Ende der Straße biegen wir links ab, kommen am über 100 Jahre alten Maulbeerbaum, der an die Kaiserswerther Seidenspinnerei erinnert, vorbei und spazieren nordwärts weiter auf dem „Barbarossawall". Und hier erwartet uns einer der Höhepunkte unserer Stadttour, zumindest aus Pauls Sicht: Die „schmalste Allee der Welt". Nirgendwo kann man in kürzester Zeit so viele Bäume abschnuppern und markieren wie hier, schwärmt Paul. In der Tat: Die Lindenbäume sind im Jahr 1840 extra versetzt gepflanzt worden, damit sie sich in der Enge nicht gegenseitig mit ihren Wurzeln behindern. Genial.

Ein Hundetraum: die alten Lindenbäume in der schmalsten Allee der Welt.

3

Auf diesem schmalen Weg gucken wir nach rechts hinunter in die Wiesen vor den ehemaligen Festungsanlagen rund um die Altstadt. Genau hier ging es früher wesentlich feuchter zu. Denn unser Werth wurde ja einmal von Vater Rheins Flussarmen zärtlich umarmt, war also vollständig von Wasser umgeben. Und warum ist Kaiserswerth heute keine Insel mehr? Ganz kurz, aber fündig: Im Jahre 1215 wollte Graf Adolf von Berg seinen Freund Otto, Bischof von Münster, der auf dem Werth gefangen gehalten wurde, befreien. Von den erfolglosen Angriffen vom Wasser aus hatten der Graf und seine Ritter bald die Nase voll. Und statt ewig zu belagern, kamen sie auf eine Idee: Momentchen, wir schütten einfach den kurzen Rheinarm oben und unten zu, der trocknet dann langsam aus, und wir spazieren kurzerhand hinüber. Gesagt, getan. Tja, und so kam's, dass des Kaisers Werth heute keine Insel mehr ist.

Warum Kaiserswerth keine Insel mehr ist und wir heute dort stehen können, wo einmal der Rhein floss, können Sie im Text nachlesen.

Unsere Runde durch Kaiserswerth ist noch lange nicht komplett, es gibt noch so viele historische Schätzchen und Anekdoten zu erzählen und zu zeigen, aber wir kämen gar nicht mehr zum Wandern, nicht wahr Paulchen? Nur eine bedeutende Persönlichkeit, deren Wirken eng mit der Geschichte von Kaiserswerth verbunden ist, von der muss ich Ihnen noch unbedingt erzählen. Und das macht sich am besten am wunderschönen, alten Marktplatz des Städtchens. Hier steht nämlich unübersehbar das große Stammhaus der Diakonissen. Wie bitte? Diakonissen, ist das eine Insektenart? werden ein paar ganz Unkundige sich jetzt vielleicht fragen. Nein. Also: 1822 kam ein junger Pfarrer namens Theodor Fliedner hierher an den Rhein und war entsetzt über die schlimmen Zustände, die er im völlig verarmten

Kaiserswerth vorfand. Der christliche Fliedner erkannte, dass dringend Hilfe nötig war und so gründete er zusammen mit seiner Frau Friederike im Jahr 1836 das heute weltweit verbreitete Diakoniewerk. Dazu gehören u. a. Krankenhäuser, Schulen und Altenheime und vor allem ausgebildete Helferinnen und Helfer. Eine von Theodor Fliedners Krankenpflege-Schülerinnen hieß Florence Nightingale. Die war keine Sängerin, wie der Name vielleicht vermuten lässt, sondern die berühmteste Diakonisse aus Kaiserswerth. „Engel der Barmherzigkeit" wurde sie genannt, mit der „Eisenhand im Sammethandschuh", denn sie hatte im Krimkrieg gegen alle Widerstände die Pflege verletzter und gefallener Soldaten durchgesetzt und organisiert. Schließlich nahm Frau Nightingale ihre Kaiserswerther Ausbildung und Erfahrung mit nach England und reformierte dort das gesamte Gesundheitswesen. Respekt. Die zweitgrößte Klinik Düsseldorfs steht in Kaiserswerth und heißt Florence-Nightingale-Krankenhaus.

Wanda, Florence Nightingale und Schwester Ruth Felgentreff (v.l.n.r.), die mir alles über die Kaiserswerther Diakonie erzählt hat.

Unten der Mühlenturm an der Theodor-Fliedner-Straße.

Unsere Füße und Pfoten haben zwar jetzt schon ein bisschen zu laufen bekommen, Paul und ich wollen aber erst noch richtig los, über den Marktplatz in Richtung Rhein, um ins Umfeld außerhalb der Stadtmauern und -wälle zu schweifen. Das besteht aus weiten grünen Auen, viel Niederrhein und ausgetrockneten Flussarmen. Vorbei an der alten Windmühle, die keine Flügel mehr hat, ziehen wir mit dem Strom abwärts. Pfarrer Fliedner war so findig, dass er die damals schon kaputte Mühle mit einem kleinen Windrad versah und sie als Trinkwasserpumpwerk für seine gerade gegründeten diakonischen Einrichtungen umfunktionierte. Hinter der Mühle geht rechts der langgezogene Hochwasserschutzdamm ab, auf dem wir in zwei Stunden gemütlich zurückwandern werden. Vorher jedoch tappsen Paul und ich weiter auf dem alten Treidelpfad zwischen Fluss und wilden Wiesen stromabwärts. Auf

Auf dem Treidelpfad von Kaiserswerth nach Wittlaer.

halber Strecke steht das Haus Werth, frisch renoviert, aber einsam und verlassen, und das soll es aus Gründen des Landschaftsschutzes auch bleiben. Das Treidelhaus von 1775 war bis zur Erfindung der Dampfschifffahrt eine wichtige Station zum Wechseln der dampfenden müden Pferde. Auf dem alten Treidelpfad wird heute allerdings nicht mehr getreidelt, sondern gebiket, gerollert, geskatet und gewalkt – wie man sieht. Und wer nicht mehr aufhört mit Skaten, der kommt nach 234 Kilometern nach Rotterdam oder nach 590 Kilometern nach Basel, wie der Meilenstein am Wegesrand beweist.

Wir nähern uns Wittlaer, dem endgültig nördlichsten Düssel-Dorf. Und hier werden die Wiesen noch wilder und romantischer. Fehlt nur noch der Nebel, dann sind die malerischen Motive mit Büschen, Wiesen und den dicken Stümpfen der alten Weidenbäume perfekt. Das hat in der zweiten Hälfte des 19. Jahrhunderts eine Gruppe von Düsseldorfer Künstlern inspiriert. Die kamen mit Zeichenblock und Stiften auf der Suche nach idyllischen Naturstücken auch nach Wittlaer und stapften durch die feuchten Wiesen. Wenn die Maler vom Unwetter überrascht wurden und aus der Skizze ein Aquarell zu werden drohte, flüchteten sie ins nahe gelegene Schankhaus von „Brand's Jupp" am Ende der Kalkstraße. Ein Blick hinein in die urige Gaststätte zeigt, womit die Maler ihre Zeche bezahlten, mit ihren Bildern nämlich, die nun über die Gasträume verteilt zu bestaunen sind. Max Clarenbach war einer der bekanntesten und erfolgreichsten von ihnen. Clarenbach wurde Akademieprofessor in Düsseldorf, zog sogar ganz nach Wittlaer in den Heckenweg und blieb Stammgast bei „Brand's Jupp". Der Heckenweg, der jetzt Max-Clarenbach-Weg heißt, biegt vor Wittlaer landeinwärts ab und führt uns direkt an „Brand's Jupp" vorbei.

Bei so viel Clarenbach haben wir kaum bemerkt, dass wir den kleinen Schwarzbach überquert haben, genau an seiner Mündung in den Rhein. Dem gehen wir entgegen, weiter geradeaus kämen wir sonst schnell nach Duisburg. Unser Weg folgt noch ein Stück dem Schwarzbach, und mit ihm werden wir uns wandernd in Einbrungen einbringen. „Von einem Ort zum andern", vom niederrheinischen Einbrungen nach Kalkum geht's weiter.

In Kalkum spazieren wir um die hübsche und wild-romanische St. Lambertus Kirche herum. An der gibt's rechts ein Törchen, und da geht's zum Schloss Kalkum. Im gar nicht kalkigen, sondern eher sandsteinigen Schloss befindet sich das nordrhein-westfälische Staatsarchiv. Steht dran. Das Staatsarchiv im ehemaligen Rittersitz ist von Enten umzingelt, die sich im Wassergraben drumherum vergnügen. Auch Paul nimmt ein erfrischendes Bad im auffällig dunklen Wasser, das ja auch vom Schwarzbach kommt, aber trotzdem nicht abfärbt. Paul sieht jedenfalls nachher genau so aus wie vorher. Den herrlichen Park ließ 1825 der Düsseldorfer Gartendirektor Maximilian Friedrich Weyhe anlegen. Die exotischsten und tollsten Bäume trifft man hier, nicht nur wegen Paul muss ich ein Runde durch den schattigen Park drehen. Wie durch die rosa Brille betrachtet, leuchtet uns das klassizistisch-klotzige Schloss noch eine Weile hinterher, als es heißt: „Rücken Sie vor bis zur Schlossallee!" Die ist von alten Lindenbäumen gesäumt und bringt uns in einer Geraden zurück nach Kaiserswerth, und – nach Überqueren der Arnheimer Straße – schräg gegenüber auf den Hochwasserdamm. Da vorne sehen wir auch schon wieder den vertrauten alten Mühlenturm von Kaiserswerth. In der Stadt haben wir dann noch einen

Viel malerische Auen bei Wittlaer und viel Rosa an Schloss Kalkum.

5

Beglockend und beglückend ist ein Konzert des Kaiserswerther Handglockenchores. Infos bei Nancy Poland Tel.: 0211-407566

NixWieHinweis entdeckt, einen akustischen:

Beim Bummeln durch die Kaiserswerther Gassen klingelte es Paul und mir auf einmal sehr deutlich in den Ohren. Kein Gassenhauer, eine Melodie von Bach wurde da gespielt. Aber nicht auf dem Klavier, sondern mit etwas völlig anderem, was ich zuvor noch nie gehört hatte. Paul half mir und schnupperte tüchtig mit den Ohren und im Haus der Diakonie wurden wir dann fündig. Des Rätsels Lösung: Hier probte gerade der Kaiserswerther Handglockenchor unter der Leitung von Dr. Nancy Poland. Die ist Kantorin der Diakonie und kommt genau wie die ungewöhnlichen Handglocken aus Amerika. Jeden Dienstag bringt sie mit ihren Mädels die Glocken nicht nur zum Glänzen, sondern vor allem auch zum Klingen, und das ist alles andere als einfach. Die Klöppel der bronzenen Handglocken schlagen nur in eine Richtung, sind also völlig anders konstruiert als etwa Kuhglocken, und daher auch absolut exakt zu spielen. Ich finde, die reinen und hellen Töne über fünf Oktaven klingen fast überirdisch. Gespielt wird alles irdische, von Barock bis heute, aber nur 25 solcher Ensembles in Deutschland können das. Weiter verbreitet ist diese feine Musik in England und Amerika. Ein Konzert, oder auch nur das Lauschen bei einer Probe mit Frau Dr. Poland und den acht Frauen und Mädchen, ist ein die Ohren beglockender und beglückender einmaliger Genuss. Nicht nur zur Weihnachtszeit.

WANDERFILET

Auf unserer rheinischen Runde durch Kaiserswerth sind wir an vielen hübschen Lokalen, schattigen Biergärten und gemütlichen Restaurants vorbeigekommen. Aber einen gibt es in Kaiserswerth, bei dem sind sich alle einig, dass er im Rheinland ohne Konkurrenz kocht. Nirgendwo wird nämlich eine leckerere Currywurst serviert als am Klemensplatz direkt neben der Straßenbahnhaltestelle. Es gibt da aber noch einen Konkurrenten, der kocht auch in Kaiserswerth, im Restaurant „Im Schiffchen".

Im Schiffchen

Das Restaurant liegt am Kaiserswerther Marktplatz. Jean-Claude Bourgueil heißt der wirkliche Meister aller Töpfe und zählt zu den drei höchstdekorierten Sterne-Köchen in Deutschland. Wie gerne würden wir einmal eine Speise aus der Hand des berühmten Maîtres probieren. Also haben Paul und ich angeklopft, „Bonjour" gesagt, und der Chef hat geantwortet, er fühle sich sehr geehrt, aber „Excusé moi, Mademoiselle Wanda", das Lokal sei leider ausgebucht, wie so oft. Doch der charmante Bocuse-Schüler hatte auf Anhieb eine tolle Idee: „Machen Sie doch ein Picknick am Rhein, es ist draußen so schön heute Abend". Als Franzose kommt man ja im Picknickkorb auf die Welt, dachte ich mir, also kennt sich auch Jean-Claude Bourgueil beim Thema „Schlemmen unterwegs" aus. Beim Transport der Delikatessen an eine lauschige Stelle am Rheinufer stellte er mir sogar einen Teil des Personals zur Verfügung. Gut, dass das „Schiffchen" nur einen Steinwurf vom Rhein entfernt liegt. Und während Paul hinter mir nach Mäusen buddelt, sitze ich nun direkt am lauen Rhein mit gekühltem Champagner, frisch gebackenem Baguette und allen möglichen Köstlichkeiten aus der Terrine von Kaninchen- über Rehfilet mit Linsen und Frühlingsgemüsen.

Restaurant 6
„Im Schiffchen"
Kaiserswerther Markt 9
40489 Düsseldorf-Kaiserswerth
Tel.: 0211-401050
Ö: 19-24 Uhr
Ruhetage: So, Mo
Unbedingt reservieren!

So dicht an Frankreich grenzt der Rhein sonst nirgends, finde ich. Tschüß und au revoir von der Isle de l'Empereur, der Insel des Kaisers!

Tour 10, *8-km-Rundwanderung (ohne Stadtrunde): Kaiserswerth (Schiffsanleger) – Wittlaer – Einbrungen – Kalkum – Schlosspark – Kaiserswerth:* Start am Kaiserswerther Rheinufer Schiffsanlegestelle; rheinabwärts am Mühlenturm vorbei; auf Treidelpfad 2 km am Ufer entlang; vorbei an „Haus Werth"; nach Brücke über „Schwarzbach" rechts ab auf „Rheinuferweg" und „Max-Clarenbach-Weg" (hier Lokal „Brand's Jupp", Einkehr mögl.); „Duisburger Landstr." überqueren; gegenüber mit Weg am „Schwarzbach" entlang; auf Weg zwischen Häusern links hoch und auf „Einbrunger Str." rechts ab; an Kreuzung gerade weiter mit „Unterdorfstr." durch Kalkum; „Kalkumer Schlossallee" überqueren und auf „Unterdorfstr." vorbei an „St. Lambertus" (romanische Kirche); durch Pforte rechts ab in Schlosspark; im Park Wassergraben rechts entlang bis Mittelachse Schloss; auf Allee links ab und geradeaus Schlosspark verlassen; weiter auf „Kalkumer Schlossallee" und „Arnheimer Str." (mit Straßenbahn) überqueren; kurz rechts ab und gleich nächste links ab in „Eulenbergweg"; auf dem Damm zurück zum Kaiserswerther Mühlenturm am Rhein.

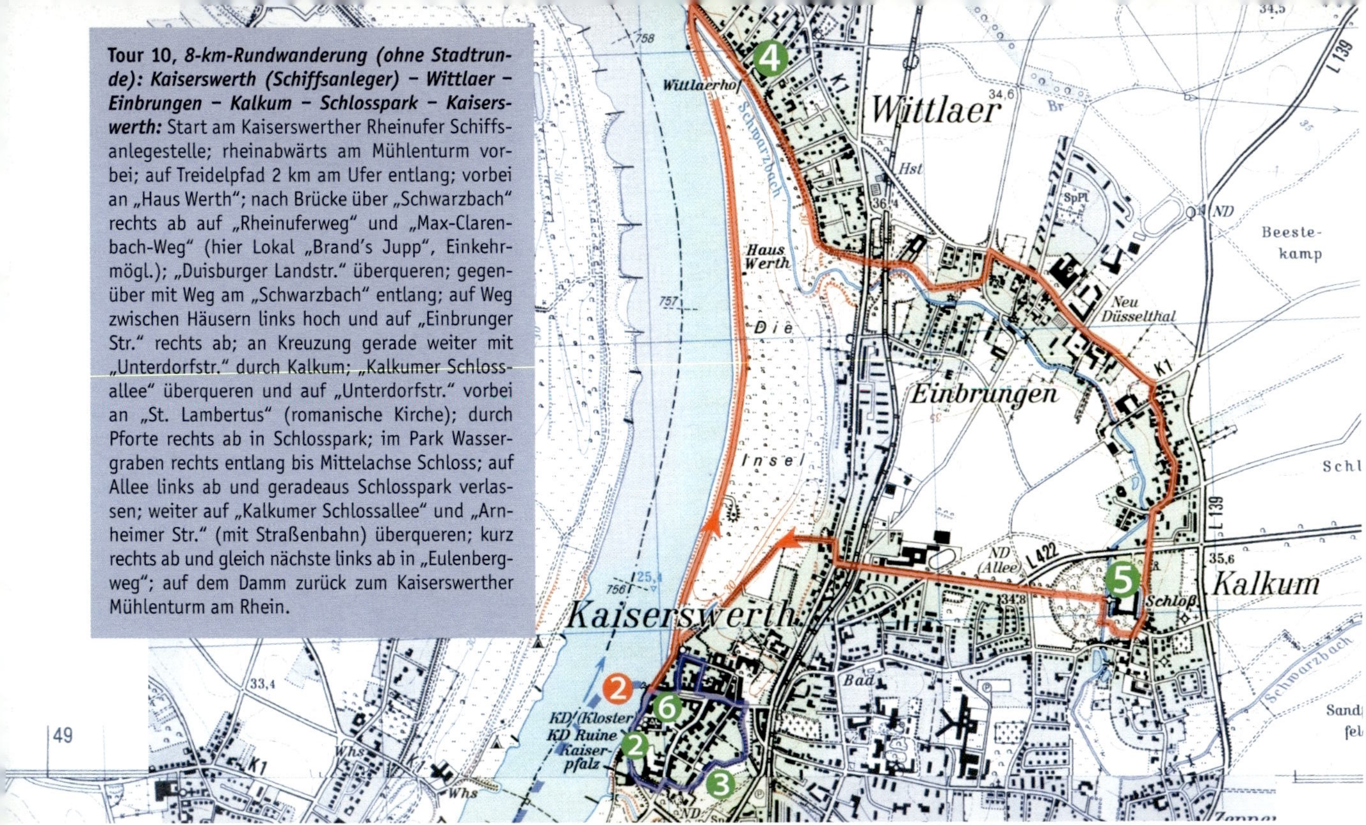

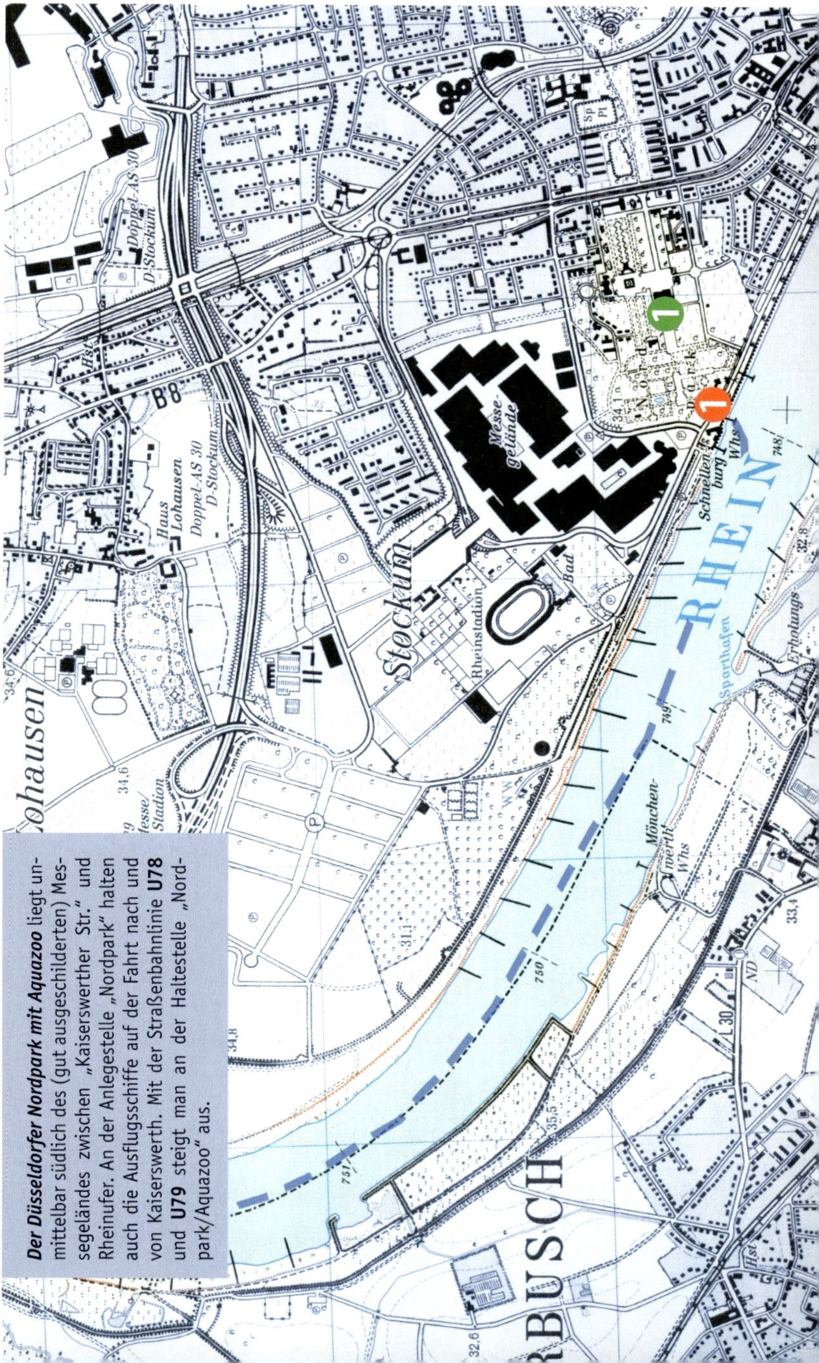

Der Düsseldorfer Nordpark mit Aquazoo liegt unmittelbar südlich des (gut ausgeschilderten) Messegeländes zwischen „Kaiserswerther Str." und Rheinufer. An der Anlegestelle „Nordpark" halten auch die Ausflugsschiffe auf der Fahrt nach und von Kaiserswerth. Mit der Straßenbahnlinie **U78** und **U79** steigt man an der Haltestelle „Nordpark/Aquazoo" aus.

TOUR 11: STOLBERG

Im Musterländchen Münsterländchen

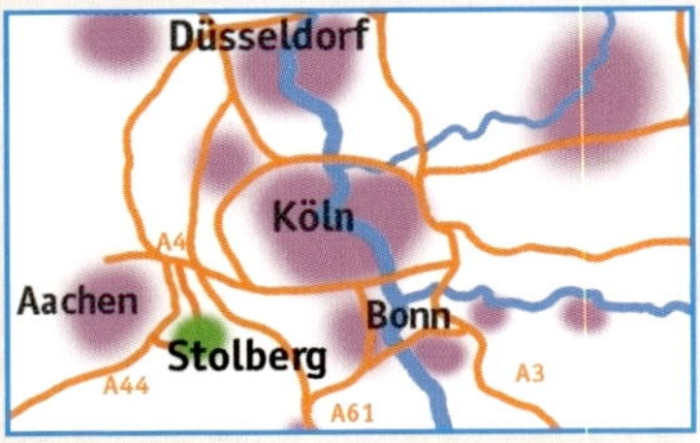

Hin: *10 km östl. von Aachen, 50 km westl. von Köln; über A4 AS Eschweiler, L238 nach Stolberg; DB Hbf. Stolberg, in Stolberg mit Euregiobahn von Hbf. bis Altstadt.*
Weg: *16 km monströse Münsterbusch-Streckenwanderung mit großem Altstadtfest am Ende.*

Katzenwäsche im Stolberger Museum „Zinkhütter Hof"?

Ich wollte schon immer mal mit Paul ins Münsterland. Doch das ist gar nicht so einfach. Da ich gelegentlich dazu tendiere, meinen süßen Hund zu verniedlichen, landen wir dementsprechend immer wieder – nicht im Münsterland – sondern im Münsterländchen. Also: Ich mit Paulchen im Münsterländchen. Und los geht's, mit dem Zug mitten hinein ins grüne Wanderland, nicht in Westfalen, sondern in der Nordeifel! Eine der spannendsten Entdeckungstouren des letzten Sommers.

Unsere Euregio-Bahn hält in Stolberg-Hauptbahnhof, und Paul ist mit einem Satz aus dem Waggon hinaus, ich natürlich hinterher. Da stehen wir zwischen Wald und Industrieanlagen, und von der Stadt Stolberg ist noch nicht viel zu sehen. Das ist zugegebenermaßen kein toller Start in den Morgen, aber eben typisch für eine Stadt mit viel Industriegeschichte. Die malerische Altstadt von Stolberg werden wir sowieso erst am Ende unserer Wanderung erreichen, zuvor machen wir einen großen Schwenk westlich und südlich um die Stadt herum. Den Bahnhof lassen wir hinter uns, und nach einigen wenigen Minuten stehen Paul und ich in der ersten Grünanlage, einem kleinen Park, und da wir uns hier auf einem historischen Wanderweg befinden, können wir auch schon ein historisches Relikt bestaunen: die Glühöfen der Atscher Mühle von 1810. Was auf den ersten Blick sehr kurios aussieht, sind zwei echte Dinosaurier der Metallindustrie. Hier im Stolberger Stadtteil Atsch sagt man nicht Autsch!, sondern: „Ätsch, wir sind das vielleicht älteste Industriegebiet in Deutschland." Tatsächlich wurde hier schon im 14. Jahrhundert Steinkohle aus der Erde ausgebuddelt. Im heißen Kohlefeuer konnte man Metalle zur Weißglut bringen und dann mit den Mühlenhämmern zu Blechen platt klopfen oder anderweitig verformen.

Das sind nicht die Hütten von eingeborenen Stolbergern, sondern die 200 Jahre alten Schmelzöfen der Atscher Mühle.

„Komm Paulchen, du alter Münsterländchener!"

Damit sind wir – nach Wasserkraft und Kohlekraft – bei den Stolberger Bodenschätzen angekommen: Wussten Sie eigentlich, wie wichtig Zink für uns Menschen ist? 15 Milligramm pro Tag soll man mit der Nahrung aufnehmen. Falls nicht: Zinkmangel führt zu Depressionen, verminderter Wundheilung oder sogar Zwergenwuchs. Also: immer schön Acht geben! Besonders viel Zink gibt's in Austern, Kalbsleber und... ? – in Stolberg. Das wussten bereits die alten Römer. Die haben zuerst ihr Römisches Reich ausgebaut und dann ganz schön abgebaut, hier in Stolberg. Schürfspuren sind heute noch einige in der Landschaft zu finden. Der Name „Stolberg" hat mit Bergstollen oder Stollen im Berg übrigens nichts zu tun. Aber dazu später, wenn wir in Stolberg angekommen sind.

Die Eifel entbindet die Inde am Hohen Venn. Die Inde entschwindet vor Jülich in der Rur. Schade, findet Paul.

Wir lassen Atsch hinter uns liegen. Unser historischer Weg führte schon vor über 400 Jahren von Mühle zu Mühle im Münsterbusch und klappert heute ganz idyllisch eine nach der anderen mitten durch das schöne Tal des Münsterbachs ab. Der heißt so, weil er durchs Münsterländchen plätschert, und das heißt so, weil es einmal der Benediktinerabtei Kornelimünster gehörte. Besser bekannt ist das Flüsschen allerdings unter dem Namen „Inde" und was der bedeutet, haben wir erst im nächsten Kapitel in Kornelimünster entdeckt.

Den kurvenreichen Bach haben wir bisher kaum aus den Augen gelassen, doch nach Buschmühle, Haumühle und Bocksmühle geht's jetzt ohne Inde aber mit Linde ein Stückchen durch den Brander Mischwald. Der liegt bereits auf Aachener Stadtgebiet. Nach dem Waldstück überqueren wir erst die Straße nach Aachen und dann am Gut Komerich unter schönen Bäumen zum letzten Mal den Bach. Wer der Inde noch nicht Lebewohl sagen und weiter nach Kornelimünster spazieren möchte, der sollte das nächste Kapitel und die Beschreibung für die Verbindungsstrecke lesen. Für heute allerdings wollen Paul und ich nach Stolberg weiter ziehen, was wir jetzt in einem südlichen Bogen um die Stadt herum tun. Dabei ächzt der Feldweg, mit dem wir das Indetälchen verlassen, ganz schön bergauf, oben geht's aber wieder flacher weiter zwischen Wiesen und Feldern und am Dörfchen Dorff vorüber. Ist es Ihnen eigentlich auch aufgefallen, dass viele Häuser hier ein bisschen anders aussehen? Das liegt sicher am Baumaterial der hellen Steinhäuser, das hier „Blaustein" genannt wird. Vom Eifelrand bis zum Hohen Venn haben die riesigen Korallengebilde des urzeitlichen Meeres so viel Kalk hinterlassen, dass in etlichen Steinbrüchen Kalkstein abgebaut wurde und wird. Einige sind auch am Rande unserer Tour zu sehen. Am eindrucksvollsten zu bestaunen ist diese Bauweise im Ort Breinig und dort in der sagenhaften komplett denkmalgeschützten Straße Alt-Breinig (siehe Beschreibung in der Tour Kornelimünster). Wir lassen Dorff hinter uns und sehen Breinig erst rechterhand unmittelbar vor uns liegen, bevor wir im Linksknick wieder in Richtung Stolberg abbiegen.

Am Steinbruch Brockenberg treffe ich Herrn Holtz, der sich bestens mit der hiesigen Flora auskennt. 1

Wir vertreten uns weiter unsere Füße am Fuß der Eifel und nach einem Weilchen kommen wir zum Veilchen. Hier am Brockenberg treffen Paul und ich auf eine ganz große und gleichzeitig ganz kleine Besonderheit für diese Landschaft: das Galmeiveilchen. Wir treffen aber auch auf den Stolberger Hobbybotaniker Friedrich Holtz, der seit Jahren auf den Spuren dieses seltenen Blümchens ist und ihm schon ein ganzes Buch gewidmet hat. Der Hobbybotaniker kann uns hochinteressante Dinge zur so genannten Galmeiflora erzählen: zum Beispiel dass das Galmeiveilchen nur hier und im belgischen Kelmis lebt; dass das Veilchen ursprünglich aus den Alpen stammt und mit der Eiszeit gewandert und dann hier hängen geblieben ist; dass die Galmeiflora mit den Galmeiveilchen eine Gruppe von „Zeigerpflanzen" bildet, die einen bestimmten erhöhten Gehalt an Schwermetallen im Boden anzeigt, der sonst Panik in der Botanik verbreitet und andere Pflanzen fernhält. Herr Holtz zeigt mir auf den kahleren Flächen rund um die alten Erzgruben ganze Teppiche der kleinen gelben und blauen, im Juni blühenden

„Galmeiveilchen, ein Stückchen Heimat zart und angepasst", das Buch von Friedrich Holtz.

Pflänzchen. Und tatsächlich wächst hier außer ein paar kargen Gräschen und Moosen nicht viel. Also Vorsicht bitte, und schauen, wo man hintritt. Besonders beim tollen Rundblick übers Münsterländchen mit bis zu 11 Kirchturmspitzen. „Galmei" bezeichnet übrigens bestimmte Zinkerze, die hier im Stolberger Raum dicht unter der Erdoberfläche vorkommen. Und genau dieses Galmei hat nicht nur dem Veilchen, sondern auch der Stadt Stolberg zur Blüte verholfen. Wie es dazu kam, erzähl' ich Ihnen gleich in Stolberg.

Vom Brockenberg blicken wir übers weite Münsterländchen.

Zuvor kommen wir zum urbanen Höhepunkt unserer Tour, quasi der fehlende NixWieHinweis, die Stolberger Altstadt. Dazu müssen wir ins Vichtbachtal hinunter, unten angekommen unter der Vennbahn durch und über den Vichtbach drüber. Die Vennbahnstrecke ist leider stillgelegt, der Vichtbach glücklicherweise nicht. Der ist seit Tausenden von Jahren erpicht darauf, sich durch die Stolberger Kalkfelsen zu graben, um sich danach mit der Inde zu treffen. Unser Wanderweg schleppt uns auf der anderen Talseite den Hang wieder hinauf und führt uns noch einmal an einem großen Steinbruch entlang. Auf der Höhe vom Burgholzer Hof haben wir nur noch Stolberg im Sinn und bald auch in der Sicht, denn wir sind fast schon in Rufweite.

2 Einen „Guten Tag" können wir den Kupfermeistern nicht mehr wünschen, sondern nur noch „Ruhe sanft".

Weil Paul und ich Ihnen aber noch etwas vom blühenden Stolberg erzählen wollten, biegen wir noch einmal kurz nach links in den Wald ab. „Keine Angst Paulchen, hier im Wald liegt nicht der Hund, sondern liegen seit dem 17. Jahrhundert die Kupfermeister begraben, die eigentlichen Urheber der Stolberger Blütezeit." Der verwilderte Friedhof mit seinen überwucherten und verwitterten Grabsteinen liegt hinter der Finkenbergkirche und ist nicht nur für Gruftis und Romantiker absolut sehenswert. Die protestantischen Kupfermeister verließen gegen Ende des 16. Jahrhunderts das erzkatholische Aachen und zogen mit ihren Schmieden, Mühlen und ihrem geheimen Know-how hier an den Vichtbach. Mit ihnen entwickelte sich Stolberg zur Kupferstadt und Messingmetropole Europas und darf sich älteste Messingstadt der Welt nennen. Was ist denn nun aber mit dem Zink? Erinnern wir uns einmal ganz kurz zurück an die Chemiestunde, Thema Legierungen. Messing ist die Legierung aus Kupfer und Zink (oder Galmei) und zeichnet sich durch lange Haltbarkeit und vor allem die schön goldgelbe Farbe aus, weswegen es auch „Gelbes Kupfer" genannt wurde. Außerdem ist Messing billiger als die Legierung Bronze (Kupfer und Zinn). Für alles, was lange halten und dabei schön aussehen sollte, griff man auf Messing zurück; Geldmünzen beispielsweise und Gegenstände für Küche und Kirche.

Stolz auf dem Berg steht die Burg Stolberg.

Die alten Kupfermeister sind zwar tot, ihre prächtigen Kupferhöfe aber gibt es noch. Der älteste steht in der Burgstraße und wurde 1575 vom ersten zugezogenen Kupfermeister Leonhard Schleicher erbaut. Heute steht „Adler-Apotheke" auf dem nach der Burg auch ältesten Steinhaus der Stadt. Die über die Altstadt verteilten hervorragend erhaltenen Hofanlagen werden inzwischen natürlich anders genutzt: als schicke Wohnungen, Restaurants, Apotheken, Ateliers oder als repräsentative Firmensitze. Wegen der Kupferhöfe und der Altstadt mit Burg steigt Stolberg zur Stadt mit historisch bedeutendem Stadtkern in NRW auf. Zum Dank veranstaltet man hier regelmäßig an Samstagen hochinteressante Spaziergänge zu den Kupferhöfen oder Führungen durch die Burg.

Der Vichtbach rauschte und Stolberg rauchte, denn der Bach trieb hier mit seinen 200 PS bis zu 60 Mühlen an.

2 Stunden dauert der historische Spaziergang „Von Kupferhof zu Kupferhof"; Treffpunkt jeden 3. Sa, 15 Uhr, Bushaltestelle „Mühle" Ecke Salmstraße/Auf der Mühle; Erw. 2,50 €

Endlich sind wir in Stolberg angekommen. Märchen-

Die Altstadt mit den vielen Brücken über den Vichtbach nennt man auch das „Stolberger Venedig".

Ausstellungen der Schmuck- u. Keramikateliers im Kupferhof Alter Markt 12 52222 Stolberg Tel.: 02402-91291 oder 91187

haft türmt sich die Burg vor uns auf dem Felsen auf. Wir sind mit dem Fußweg um die schöne Finkenbergkirche herumgestolpert und treffen jetzt mit der Finkenberggasse direkt ins gepflasterte Herz der Altstadt. Und die verdreht uns sogleich den Kopf. Nach rechts geht es mit der Burgstraße aufwärts vorbei am Alten Markt mit Restaurant, Kupferhof und Kunsthandwerkerhof und hinauf zur Burg. Nach links führt die Burgstraße hinunter ins „Stolberger Venedig" mit seinen vielen Brücken über den Vichtbach.

Dorthin schlendern Paul und ich zuerst einmal kreuz und quer durch die von der Sonne aufgewärmten Gässchen. Da fühlen wir uns schnell zurückversetzt in vergangene Jahrhunderte, als der rauschende Vichtbach mit seinen 200 PS bis zu 60 Mühlen antrieb und als oben in der Burg noch kein Kaffee getrunken werden konnte, weil's den in Europa nämlich noch gar nicht gab. Wie komm' ich darauf? Wegen des Heimatmuseums in der Burg. Hier steht Dr. Glasnek gerade bei tropischen Raumtemperaturen an einer alten Röstmaschine und röstet mit Begeisterung Kaffeebohnen. Die werden gemahlen – Kaffeemühlen gibt's hier genug aus der ganzen Welt – dann als Kaffee aufgegossen und in der gemütlichen Kaffeerösterei an Besuchergruppen ausgeschenkt. Herrlich! Aber ist so viel Kaffee nicht ungesund? Fragen Sie Ihren Arzt oder Apotheker. Und Dr. Glasnek ist Apotheker: „Kaffee in Maßen genossen ist sogar gesund, er enthält zum Beispiel auch Spuren von lebensnotwendigem Kupfer..." – womit wir wieder beim Thema wären. Der Rest des schmucken und originellen Museums in der Torburg behandelt die Geschichte Stolbergs und ist ebenfalls unbedingt eine Besichtigung wert.

Da stehen wir nun mitten in einer Burg wie sie im Ritterburgen-Bestellkatalog nicht schöner zu finden sein könnte. Und das würde in der Katalogbeschreibung zu lesen sein: Seit dem Jahr 1118 ist Stolberg geschichtlich bekannt. Damals sprach man noch Mittelhochdeutsch und nannte den Herrensitz hier über dem Vichtbach „stal burg". Das Wort „stal" oder „stahal" bedeutete zwar auch Stall, meist war aber damit etwas „Standhaftes" und „Festes" gemeint, etwas von Dauer, was hier auf dem Kalkfelsen errichtet worden war. Damit haben wir gerade die Herkunft für unser Wort „Stahl" geklärt. In dieser Art, wie wir sie heute sehen, wurde die stolze Burg Stolberg um 1450 als Sicherung seines Adelssitzes von Wilhelm von Nesselrode in Auftrag gegeben. Nach zwischenzeitlichen Umbauten der wechselnden Besitzer begann das Gemäuer im 18. Jahrhundert langsam zu verfallen, und nach einem kräftigen Erdbeben im Jahr 1756 taugte die Burg offenbar nur noch als gealterter Ruinendarsteller und Unterschlupf für Obdachlose. Doch dann kam, zum Glück, Burgenfan Moritz Kraus. Der kaufte 1887 für 'n Appel un 'n Ei die Ruine und verwandelte die Gemäuer mit viel Geld und Zeit in ein romantisches Traumschloss. 1909 vererbte der Mann seine Burg der Stadt, mit der Auflage, sie nie mehr verkaufen zu dürfen. Als im Zweiten Weltkrieg die Burg erneut stark beschädigt wurde, nahm man das zum Anlass, die Anlage wieder in den historisch korrekten Zustand von 1450 (s. o.) zu versetzen.

Moritz Kraus, der letzte Stolberger Burgherr, war übrigens Fabrikant – eigentlich ein moderner Kupfermeister – und wurde mit „Zinkornamentik" reich. Alles über Zink, das große Stolberger Thema, findet man unter einem Dach im 1996 eröffneten Museum „Zinkhütter Hof". Dort können Sie noch einmal richtig im blinkenden Zink versinken und über Galionsfiguren, Badewannen, wetterfeste Wetterhähne und Nadeln – die berühmtesten kommen ja aus Stolberg – staunen.

3

Viel Qualm beim Rösten des Burgkaffees (7 €/Pfund), die Krönung im Heimat- u. Handwerksmuseum in der Torburg
Tel.: 02402-81720
Ö: Sa, So 14-18 Uhr
Kaffeetrinken n. V.

4

Alles zur verzinkten Industriegeschichte gibt's im Museum „Zinkhütter Hof", Cockerillstraße 90
52222 Stolberg
Ö: Di-Fr 14-18,
Sa, So 10-18 Uhr, Mo zu
Tel.: 02402-90313-0,
www.zinkhuetterhof.de

WANDERFILET

In der Stolberger Altstadt gibt es eine ganze Reihe netter Cafés und Restaurants: hübsch gelegen am Alten Markt eine Gaststätte mit Tischen auf dem schönen Platz; hinter der Gründerzeitfassade am Anfang der Burgstraße das „Alt Stolberg" und noch älter im ältesten Stolberger Haus das Hotel „Burgkeller" mit Zugang über den Vichtbach. Äußerlich besonders aufgefallen ist uns schließlich das italienische Restaurant „Due Ponti", stilvoll im historischen Kupferhof Schart untergekommen und ebenfalls über eine der „zwei Brücken" zu betreten, direkt am Vichtbach in der Schart 1.

5 *„Due Ponti"*
In der Schart 1
Tel.: 02402-25251
Ö: 12-15 u. 18-23.30 Uhr
Ruhetag: Mi

Die Euregiobahn verkehrt täglich und stündlich zwischen Stolberg-Altstadt und Hauptbahnhof. Die letzte um 22.37 Uhr. www.euregiobahn-aachen.de

Ein paar Meter sind es nur bis zum modernen Haltepunkt „Stolberg-Altstadt" der Euregiobahn. Die ist auch gleichzeitig Endstation, und voller Sehnsucht schauen Paul und ich noch einmal zurück und hinein ins Mittelalter: auf eine wunderhübsche Altstadt mit romantischen Brücken und gepflasterten Straßen und über allem die kalkweiße Ritterburg.

So, das war's aus Stolberg und dem ersten Teil des Münsterländchens. Ich hoffe, ich habe nicht zu viel Blech geschwätzt, aber ganz ohne Metall geht es hier eben nicht. Viel Vergnügen bei diesem tollen Ausflug! Morgen geht es wieder los, mit Teil 2 und dem nächsten Kapitel. Tschüß!

Die Stadt Stolberg bietet jede Menge Führungen an, z. B.: Altstadtführung mit Burgbesichtigung jeden 1. Sa im Monat, Treffpunkt: 15 Uhr am Haupteingang der Burg Gruppenführungen: max. 25 Personen, Preis pro Gruppe 36 € beim Kulturamt der Stadt Stolberg Rathausstraße 44 52222 Stolberg Tel.: 02402-76683-14

Amt für Tourismus der Stadt Stolberg Rathausstraße 11-13 52222 Stolberg Tel.: 02402-13499 www.stolberg.de oder www.stolberg-rhld.de

Tour 11, ***16-km-Streckenwanderung mit Bahn: Stolberg Hauptbahnhof – Atsch – Münsterbusch – Dorff – Brockenberg – Vichtbachtal – Stolberg Altstadt:*** Start Hbf. (auch Parken) Stolberg; auf „Rhenaniastr." nach Bahnunterführung links ab auf „Münsterbachstr."; hier rechts ab durch Parkanlage vorbei an „Atscher Mühle" mit Glühöfen (grundsätzlich ab hier bis Ziel „Burg Stolberg" immer der Markierung „weiße 1" des Eifelvereins **(Jubiläumsweg)** folgen!); wieder auf „Rhenaniastr." bis Kreuzung; geradeaus in „Hammstr."; vorbei an „Hamm-Mühle" nächsten Weg (noch vor Friedhof) links ab auf „Historischen Wanderweg" zur Inde; mit Weg am Fluss entlang; an Buschmühle Str. überqueren und über P auf idyllischem Fußweg weiter im Flusstal; nach Wiese auf Sträßchen links ab vorbei an „Haumühle"; weiter auf Sträßchen in Rechtskurve zur „Bocksmühle"; weiter und an „Taternsteinen" vorbei zum Waldrand; auf Str. ca. 100 m am Waldrand entlang und nächsten Weg rechts ab in Wald; gleich nächsten Weg links ab durch Wald (parallel Str.); auf Höhe Siedlung „Brändchen" nach links Landstr. überqueren; gegenüber mit „Komericher Weg" nach Linksbogen weiter und über die Inde; vorbei an „Komerich" links ab geradeaus bergan; hinter Umspannwerk links ab; vor Kalksteinbruch rechts ab und geradeaus bis „Dorff"; hier Str. „Am Hahnenkreuz" überqueren und geradeaus auf Str. schräg links gegenüber weiter; nächsten Feldweg links ab; vor leichter Anhöhe nächsten Feldweg rechts ab; nächsten Weg kreuzen; nächsten Weg links ab; bald Kreisstr. überqueren und geradeaus weiter; nach Pferdehof „Hassenberg" im Linksbogen weiter hinauf bis Siedlung „Brockenberg"; Str. rechts ab an Wiesengelände entlang (evtl. über Wiesen kleine Runde um Steinbruch und Veilchen); lange Gerade hinunter und unten links vorbei an Steinbruchbetrieb „Rüst"; unter der Bahnbrücke hindurch und Str. rechts ab; gleich wieder links ab zum „Bernhardshammer" Vichtbach überqueren; auf Landstr. kurzes Stück rechts ab; nächste Str. „Bernhardshammer" links ab und gleich wieder links Fußweg mit Wald hinauf;

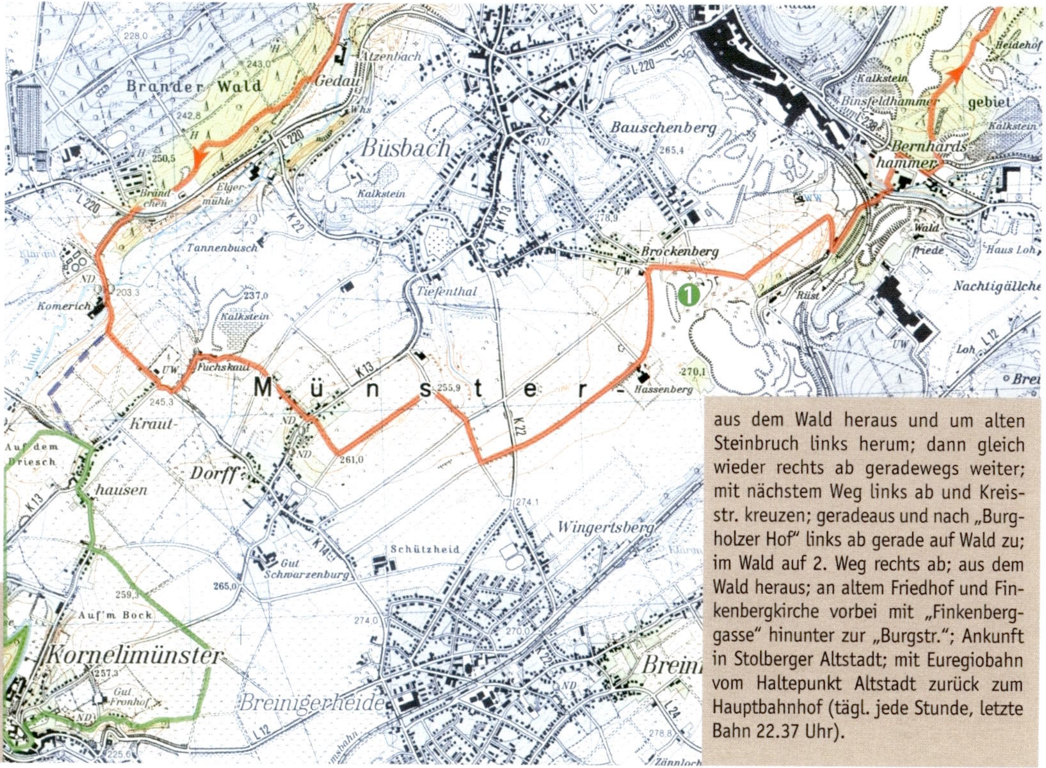

Verbindung nach Kornelimünster **s. blau gestrichelter Weg:** hinter „Komerich" geradeaus am Hang entlang weiter bis auf **grünen Weg** in Karte Kapitel 12.

aus dem Wald heraus und um alten Steinbruch links herum; dann gleich wieder rechts ab geradewegs weiter; mit nächstem Weg links ab und Kreisstr. kreuzen; geradeaus und nach „Burgholzer Hof" links ab gerade auf Wald zu; im Wald auf 2. Weg rechts ab; aus dem Wald heraus; an altem Friedhof und Finkenbergkirche vorbei mit „Finkenberggasse" hinunter zur „Burgstr."; Ankunft in Stolberger Altstadt; mit Euregiobahn vom Haltepunkt Altstadt zurück zum Hauptbahnhof (tägl. jede Stunde, letzte Bahn 22.37 Uhr).

TOUR 12: KORNELI-MÜNSTER

Kornelis Münster in Bestform

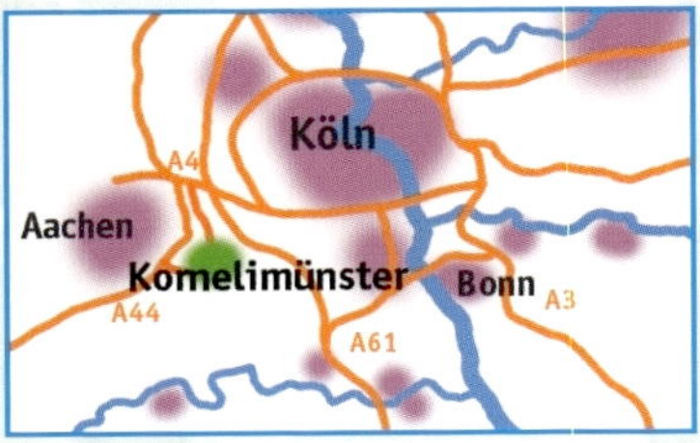

Hin: *10 km südöstl. von Aachen, 55 km westl. von Köln; über A4 AB-Kreuz Aachen, A44 Richtung Lüttich AS AC.-Brand, B258 nach Kornelimünster.*
Weg: *12 km (5 km) traumhafte Rundwanderung durchs schottische Hochland ganz weit weg vom Rheinland.*

Hier wacht Papst Cornelius über sein Kornelimünster. Und über seinen Schädelknochen.

Ganz munter nach Kornelimünster sind Paul und ich noch gewandert, nachdem uns beiden tags zuvor die Stolberg-Tour so gut gefallen hatte; rein entfernungsmäßig durchaus nahe liegend, denn von Stolberg bis zur „Metropole" des Münsterländchens sind es lediglich ein paar Kilometer. Heute ist das kleine Kornelimünster ein Stadtteil der großen Stadt Aachen fast in Rufweite. Aber was war es vorher?

In der berühmten Kaiserpfalz in Aachen pfalzte vor vielen Jahrhunderten ja nicht nur Kaiser Karl der Große, sondern in seiner Nachfolge auch sein Sohn Ludwig der Fromme. Und der fromme Ludwig wollte auch seinem Namen alle Ehre machen, als er im Jahr 817 n. Chr. einem Benediktinerkloster in der Aachener Nachbarschaft bei der Gründung half und den Orden großzügig beschenkte: zum einen mit allem Land, das im Umkreis einer Stunde (wahrscheinlich zu Fuß) erreichbar war – gemeint ist unser Münsterländchen – und zum andern mit einem ganzen Sortiment aus dem kaiserlichen heiligen Reliquienfundus wie Schweißtuch, Schürztuch und Grabtuch Christi. Die Benediktinermönche im „Monasterium ad Indam", im Kloster an der Inde, waren natürlich begeistert und mit ihnen ihr Abt und Klostergründer Benedikt von Aniane. Seitdem werden bis heute die sonst sorgsam verschlossenen Heiligtümer alle sieben Jahre den nach Kornelimünster fahrenden Pilgern gezeigt. Mit einer Einschränkung allerdings: Das gute Grabtuch wurde zwischenzeitlich halbiert, denn im Jahr 875 brauchte Karl der Kahle eine Reliquie für eine weitere Klostergründung in Frankreich. Als Entschädigung schickte der kahle Karl den noch kahleren und damals schon über 600 Jahre alten Schädelknochen des heiligen Papstes Cornelius zurück ins Münsterländchen. Auch nicht schlecht, denn auf diese Weise mit einem Papst im Hause, kam das Kloster an der Inde zu einem neuen Namen: „Monasterium Sancti Cornelii ad Indam", kurz, modern und deutsch: Cornelimünster. Seit 1936 vorne mit „K".

Wegen des großen Andrangs der Pilger wurde im Münster oft um- und angebaut. Oben auf den Galerien wurden die Reli-

quien den in und um die Stadt wartenden Menschenmassen präsentiert.

Seit dem 13. Jahrhundert steht alljährlich im Pilgerterminkalender ganz groß angestrichen die Woche nach dem 16. September: die Kornelioktav. Das ist bis heute die Zeit, um einerseits drinnen in der Stiftskirche zu beten und andererseits draußen über den Jahrmarkt zu bummeln. Für die im Mittelalter an Fallsucht erkrankten Menschen – heute sagt man Epileptiker – soll übrigens die Hirnschale von Papst Kornelius besonders wirksam gewesen sein. Die Pilger brachten aber nicht nur Kummer und Nöte mit, sondern auch ihre Ersparnisse, um für ihr Körper- und Seelenheil zu spenden. Was finanziell nicht unerheblich war, denn zu den Einnahmen aus dem Münsterländchen hinzu floss so eine Menge Geld nach Kornelimünster.

Reliquien machen auch reich. Man sieht's an den herrlichen Häusern, der immer wieder vergrößerten Stiftskirche und an der ehemaligen Abtei, die eher einem Barockschloss gleicht.

Paul und ich stehen jetzt an der Ecke Korneliusmarkt und Benediktusplatz mitten im kleinen Zentrum – und sind begeistert. Wir sind umzingelt von den schönsten Häusern, perfekt arrangiert wie in einer Filmkulisse. Einmal um die eigene Achse gedreht, sehen wir üppiges Fachwerk, viel Eifeler Kalkstein, barocke und klassizistische Fassaden bis hin zu Jugendstildekorationen, alles echt. Ein so lückenlos historisch erhaltener Platz ist im Rheinland ziemlich einmalig. Das älteste Haus steht am Benediktusplatz 18 und stammt aus dem 16. Jahrhundert. Die Erdgeschosse vieler Häuser liegen übrigens erhöht, und man muss über ein schnuckeliges Treppchen zur Haustür hinauf. Der Grund dafür? Dass kein Hund an die Haustür pinkelt? Nein, das wär' wohl übertrieben, oder Paul? Folgendes: Das Flüsschen Inde umfließt das ganze Jahr über friedlich plätschernd in einem Halbkreis die Altstadt. Aaaber: Inde ist keltisch und heißt soviel wie „anschwellendes Wasser". Alljährlich mit dem ersten Tauwetter droht die Schneeschmelze in der Eifel! Eine Hochwassermarke vom Februar 1906 kann man an der Sparkasse, dem früheren Bürgermeisteramt, besichtigen. Die historischen Häuser stehen hier wie alte Kornelimünsteraner Persönlichkeiten und tragen Namen wie „dr Üllespejjel", „Im Salzrümpchen", „Archelei", „Arche Marjohn", „Steäre Eck" oder einfach „et Hüssje". Das wahrscheinlich schmalste Häuschen des Rheinlands heißt „Im Muspat" und steht ebenfalls am Benediktusplatz. Strahlend weiß angemalt und nur 2,15 Meter breit, besitzt es zwar keine eigenen Außenwände, aber mit der „17" immerhin eine eigene Hausnummer.

Das vielleicht schmalste Haus im Rheinland mit 2,15 Meter Breite.

1

Apropos Platzmangel: Immer wenn sieben Jahre um waren und im Jahr der Reliquien-Ausstellung wieder eine größere Menschenmenge nach Kornelimünster kam, herrschte höchste Platznot in der Kirche. Daher baute man eine um die Kirche herumlaufende Galerie und zeigte von da oben den auf den Hügeln ausharrenden hunderttausend Pilgern die heiligen Reliquien. Hunderttausend Pilger, man stelle sich das mal vor, rings um die Stadt alles schwarz vor Menschen. Die nächste „Heiligtumsfahrt" wird im Juni 2007 stattfinden.

Stimmt! Schwimmvögel brauchen bei Hochwasser keine Schwimmflügel.

In der 1802 von Napoleon aufgelösten ehemaligen Reichsabtei ist heute ein Teil des Bundesarchivs untergebracht; besuchen sollte man die sehenswerte Dauerausstellung „Zeitgenössische Kunst in NRW", die zeigt namhafte und nachwachsende Künstler aus Ankäufen des Kultusministeriums NRW. Durch den gerade frisch restaurierten Abteigarten flanieren gerne die Kornelimünsteraner mit ihren Gästen. Dieser Garten ist gleichzeitig ein Industriedenkmal, weil er bis 1964 mit Mühlenkanal und Vorratsbecken zum Betriebsgelände einer Mühle mit Textilfabrik gehörte. Die von Napoleon enteigneten Benediktinermönche sind im Übrigen 1906 wieder in die Stadt zurückgekommen; in die schöne Barockabtei konnten sie aber nicht mehr einziehen, die gehörte jetzt den Preußen. Also mussten sie sich ein neues Kloster am nordwestlichen Stadtrand bauen.

Die Pfarrkirche und ehemalige Abteikirche St. Kornelius ist, wie schon erwähnt, zigmal um- und angebaut worden. Von der karolingischen Gründungskirche sind nach den stürmischen Besuchen der Normannen nur noch Grundmauern übrig. Was wir heute hier sehen, ist ein Mix der vergangenen Epochen von der Gotik über die Renaissance bis zum Barock. Der weiße, achteckige, turmartige Anbau ist die Korneliuskapelle. Hier werden die Reliquienschätze aufbewahrt. Im düsteren Innenraum der Abteikirche sollte man sich das Chorgestühl von 1325, die Korneliusstatue, den Annaaltar und den barocken Hochaltar ansehen. Halt, ich hab' da was läuten hören: Die Kirche besitzt keinen eigenen Glockenturm mehr. Dafür bimmeln die Glocken ferngesteuert in einer ganz anderen Kirche, in der Bergkirche oben am Talrand. Und da wollen wir hin.

Paul und ich steigen schnell die steile Treppe zu St. Stephanus hinauf, und noch ganz außer Atem werfen wir oben angekommen einen lohnenswerten Blick über die Friedhofsmauer hinunter auf das alte Kornelimünster. Neben dem Friedhof steht die über 1.000 Jahre alte urige Bergkirche mit den ferngesteuerten Glocken im Turm, der früher mal ein Wachturm war. Hier vorbei wandern wir jetzt einfach weiter, fort von Kornelis Münster und hinein ins Münsterländchen. Die drei letzten Häuser und eine Gruppe altehrwürdiger Bäume haben wir schnell hinter uns gelassen, und auf der Höhe erreichen wir die freien Felder. Noch ein Blick zurück auf die Stadt, dann ein paar Schritte nach vorne. Kommen wir von der heiligen Stadt zur heiligen Stätte.

2 *Aus dem Tal wandern wir hinauf zur Bergkirche und gucken wieder hinunter.*

Nach nur einer Viertelstunde Wandern stehen wir mitten im so genannten „Varnenum". Zwischen den bunt und zufrieden wiederkäuenden Kühen und der

Landstraße nach Breinig wurden hier vor wenigen Jahren die Mauerreste einer antiken römisch-keltischen Tempelanlage freigelegt. Kornelimünster befindet sich an einem antiken Verkehrsknotenpunkt, einer uralten Furt über die Inde, die bereits von den Kelten benutzt wurde. Später kreuzten sich hier zwei Römerstraßen. Im Varnenum wünschten sich Römer wie Germanen eine gute Reise oder bedankten sich dafür hier in den Tempeln: die zugereisten Römer beim römischen Gott Varnenus, die hiesigen Kelten bei ihrer verehrten Schutzgöttin Sunuxal. Das meiste der weitläufigen Anlage mit Herbergen, Verwaltung und Kiosken ist noch im Boden vergraben. Paul und ich sind am frühen Abend noch einmal hier hinaufgekommen und haben den Sonnenuntergang über den antiken Mauern genossen – kann ich nur empfehlen. Und wenn Sie Glück haben, verwandelt Herr Hensgen, der feierabendliche Dudelsackspieler, die sanften Ausläufer der Eifel ins schottische Hochland, zumindest akustisch. Aufpassen allerdings bei empfindlichen Ohren, da hilft keine Schutzgöttin …

3

Die Wanderung führt vorbei am „Varnenum“, dem antiken Tempelbezirk römischer und keltischer Schutzgötter.

Paul und ich ziehen weiter über die Feldwege zum nächsten Ort, nach Breinig, der so genannten Perle des Münsterländchens. Hier suchen wir die Straße Alt-Breinig, eine langgezogene Straße, deren Häuser praktisch komplett unter Denkmalschutz stehen. Und tatsächlich: Ein strahlend intaktes Bruchsteinhaus steht da neben dem anderen, allesamt aus dem typischen Blaustein, bewohnt und hervorragend erhalten, schließlich sind die Häuser bis zu 330 Jahre alt. Um 1677 ließen sich hier nahe bei Stolberg einige Erz- und Steinbrucharbeiter mit ihren Familien nieder. Als in den 1960ern, den Jahren der Landflucht, viele Breiniger fortzogen und der Ort zu veröden be-

HiFi aus den Highlands zwischen Tempelresten.

gann, hatten 1980 die Leute von der Denkmalbehörde eine gute Idee: Sie stellten fast 100 Breiniger Häuser unter Denkmalschutz und unterstützten alte wie neue Besitzer bei der Sanierung – ein erfolgreicher Wiederbelebungsversuch, wie man an diesem Denkmal heute gut sehen kann.

So sehr sich die historischen Häuser auch ähneln, so unterschiedlich sind ihre Bewohner.

Gegenüber der Breiniger Kirche verschwinden wir in einer schmalen Gasse zwischen den Häusern. Dahinter liegen nur noch Wiesen und Felder, die bis zum Münsterwald sanft ansteigen. Gerade haben wir den Naturpark Nordeifel und Hohes Venn betreten. Vom Steinbruchbetrieb zum Naturschutzgebiet, so lautet die Karriere des Schomet, eines ehemaligen Breiniger Steinbruchs, durch den unsere Wanderung jetzt führt. Von wegen Venwegen: So heißt unser nächstes Dorf hier oben am Waldrand. Und ab hier zieht mich Paul immer am Waldrand entlang weiter in südwestlicher Richtung, links den Wald im Blick, rechts den wunderbaren Dauerblick übers Münsterländchen. Könnten wir uns jetzt auf einen Gleitschirm schwingen, hätten wir 12 Kilometer Fluggenuss bis zur Landung auf dem Aachener Kaiserdom.

4 *In Breinig sind wir uns einig: Eine Straße mit so viel herbem Charme haben wir in Deutschland noch nicht gesehen.*

Unsere Route zweigt nun nach rechts hinunter ab. Den Weg teilen wir uns jetzt mit dem „Wanderweg der Deutschen Einheit". Der führt von der östlichsten Stadt Deutschlands zur westlichsten Stadt einmal quer durch die Republik, von Görlitz an der polnischen Grenze bis hierher nach Aachen. 1.070 Kilometer weit! „Paul, das wär 'ne Tour!" Manche schaffen das in 40 Tagesetappen; unsere noch vor uns liegenden 4 Kilometer bis Kornelimünster sind da ein Spaziergang. Das Stückchen gehört zur allerletzten Etappe bis Aachen, wenn man von Osten kommt. Also fragen Sie ruhig mal den Wanderer, der hier auf allen Vieren über den Weg kriecht...

Auf dem idyllisch sanft bergab führenden Stück Feldweg – symbolisch für den Weg zur Einheit? – stolpern Paul und ich hinunter nach Hahn, wo sogar Hähne krähen. Auch hier werden gerade alte Häuser zum schöner Wohnen aufpoliert. Im Ort überqueren wir wieder die Inde und folgen dem spannenden Wanderweg flüsschenabwärts, rechts die Inde, links die stillgelegten Gleise der Vennbahnstrecke nach Stolberg. Vorm Viadukt bog vor vielen Jahren die Vennbahn nach Kornelimünster und Aachen ab. Die Schienen sind teilweise abgebaut, das Gleisbett der Vennbahn ist heute Renn-Bahn – für Fußgänger und vor allem für Radwanderer. Wer gerne Eisenbahn spielt, kann kurz vor Kornelimünster über das alte Viadukt laufen und in luftiger Höhe laut schnaufend den Iterbach überqueren. Danach läuft man ohne Verspätung im ehemaligen Bahnhof ein und darf sich nicht wundern, dass dieser inzwischen ein sehr beliebtes Ausflugs- und Einkehrziel für Radfahrer aus der Umgebung geworden ist. Der große Biergarten ist ein idealer Ort, um mit seinem neuen tollen Bike anzugeben, einen Insalata „Münsterländchen" (üppiger gemischter Salat mit heißer Specksauce 9,10 €) zu verzehren und dann zufrieden über den Vennbahnweg zurück nach Aachen zu radeln.

12 Kilometer Luftlinie vom Eifelrand bis zum Aachener Kaiserdom.

Und das ist ein Teilstück des über 1.000 km langen „Wanderwegs der deutschen Einheit" von Görlitz nach Aachen.

Womit wir beim Thema Einkehren angekommen wären, nämlich beim Wanderfilet.

Rest.-Biergarten „Bahnhofsvision" ⑤
Am Bahnhof 2
52079 Aachen-Kornelim.
Tel.: 02408-1524
www.bahnhofsvision.de
Ö: tägl. 10-24 Uhr
So 10-12 Uhr Frühstücksbuffet 8,10 € inkl. Tee, Kaffee

WANDERFILET

Rund um Benediktusplatz und Korneliusmarkt haben sich einige nette gastronomische Betriebe ausgebreitet, um an schönen Wochenenden die zahlreich erscheinenden Besucher zu bewirten. Natürlich gibt es aber auch hier das ganz Besondere:

St. Benedikt

Kornelimünster ist ein Pilgerort, nicht nur wegen der Reliquien. Einige Menschen pilgern von weit her zu einem roten 250 Jahre alten Fachwerkhaus an den wunderschönen Benediktusplatz: das Restaurant „St. Benedikt". Diese Gourmets mit dem besonders verwöhnten Gaumen haben von der international prämierten Küche gehört und gelesen. Im „St. Benedikt" gibt es eigentlich nur zwei Angestellte: Das Ehepaar Kreus – ein echter Familienbetrieb also. Gisela Kreus steht am Herd einer der besten Küchen Deutschlands, Hans-Joachim Kreus ist der ebenfalls für seinen Service ausgezeichnete charmante Chef de Service. Regionale und französische Spezialitäten, erstklassig zubereitet, lautet das Programm. Was halten Sie z. B. von Salat mit gebratener Entenbrust in Linsen-Himbeervinaigrette (13 €), Kalbsfilet mit Calvadossauce (26 €) und zum Abschluss ein Brie gefüllt mit getrüffelter Mascarpone-Crème (9 €)? Das Restaurant ist mit 16 Plätzen klein aber fein, und wer mittags Lust auf etwas Leckeres hat, der findet bestimmt nebenan im Café und Bistro vom „St. Benedikt" das Richtige, vielleicht ein Putensteak, gefüllt mit Salbei und Schinken, dazu Nudeln (11 €). Oder im Weinkeller mit den 250 ausschließlich deutschen und französischen Weinen.

Restaurant
„St. Benedikt"
Benediktusplatz 12
52076 Aachen-
Kornelimünster
Tel.: 02408-2888
www.stbenedikt.de
Ö: 19-24, Küche 19-21
Uhr, So, Mo zu
Bistro: Di-Fr 12-14 Uhr

Das war's aus dem schönen Korneli-Münsterländchen. Eine tolle Runde, die ich nur wärmstens empfehlen kann, anstelle von Arbeiten beispielsweise. Eine kleinere Runde für den Feierabend haben wir auch beschrieben und in der Karte markiert. Da geht's dann entlang der Inde vorbei am Klauser Wäldchen mit Kapellchen und ehemaliger Eremitage des Klosters. Zurück über die Höhen mit Varnenum erreicht man den Korneliusmarkt wieder über die steile Showtreppe der Bergkirche. Viel Spaß wünschen wir!

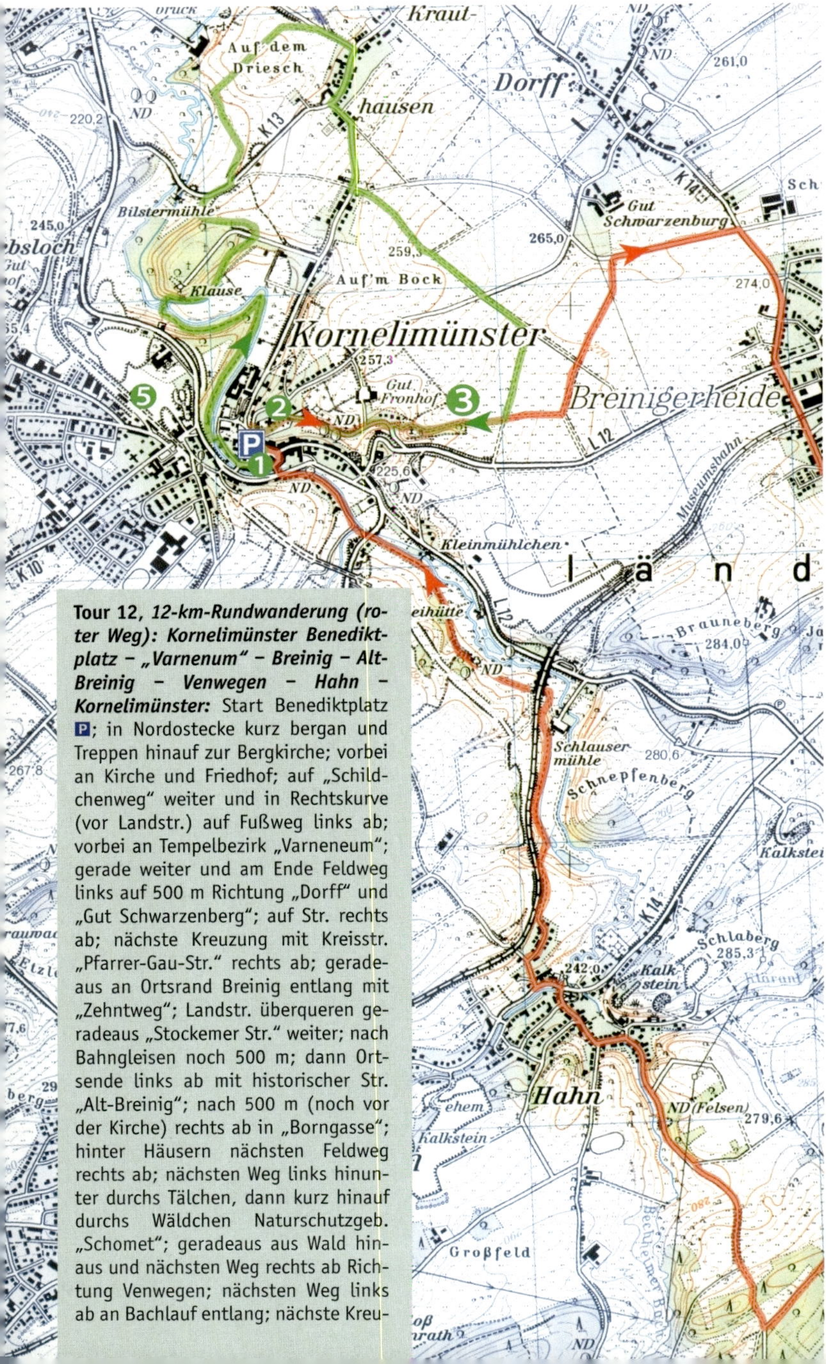

Tour 12, ***12-km-Rundwanderung (roter Weg): Kornelimünster Benediktplatz – „Varnenum" – Breinig – Alt-Breinig – Venwegen – Hahn – Kornelimünster:*** Start Benediktplatz P; in Nordostecke kurz bergan und Treppen hinauf zur Bergkirche; vorbei an Kirche und Friedhof; auf „Schildchenweg" weiter und in Rechtskurve (vor Landstr.) auf Fußweg links ab; vorbei an Tempelbezirk „Varneneum"; gerade weiter und am Ende Feldweg links auf 500 m Richtung „Dorff" und „Gut Schwarzenberg"; auf Str. rechts ab; nächste Kreuzung mit Kreisstr. „Pfarrer-Gau-Str." rechts ab; geradeaus an Ortsrand Breinig entlang mit „Zehntweg"; Landstr. überqueren geradeaus „Stockemer Str." weiter; nach Bahngleisen noch 500 m; dann Ortsende links ab mit historischer Str. „Alt-Breinig"; nach 500 m (noch vor der Kirche) rechts ab in „Borngasse"; hinter Häusern nächsten Feldweg rechts ab; nächsten Weg links hinunter durchs Tälchen, dann kurz hinauf durchs Wäldchen Naturschutzgeb. „Schomet"; geradeaus aus Wald hinaus und nächsten Weg rechts ab Richtung Venwegen; nächsten Weg links ab an Bachlauf entlang; nächste Kreuzung geradeaus und erst oben am Ende rechts ab; vor Venwegen Weg links ab auf Wald zu; oben rechts ab mit „Rainweg" an Ortsrand „Venwegen" entlang; Landstr. überqueren und gegenüber weiter „Am Bachpütz" am Ortsrand entlang; ortsauswärts auf dem Schotterweg am Waldrand entlang bleiben (und Aussichten genießen); nach 1 km und nach Wäldchen und Lichtung an Kreuzung mit Wegekreuz rechts ab **(Winkel, E8, „Wanderweg d. deutschen Einheit")**; auf Wanderweg hinunter und an Felsen („Mönch") vorbei nach Hahn; in Hahn links; rechts; unten Inde und Hauptstr. überqueren; links entlang ab bis rechts ab mit „Knipp" **(alles mit E8 oder Winkel)**; oben mit schmalem Fußweg rechts an Bahngleisen entlang weiter; auf Treppenweg hinunter ins Tal; an Reiterhof „Schlausermühle" vorbei und links ab unter Eisenbahnviadukt hindurch **(E8 oder Winkel)**; nach Viadukt durch Gatter und Zaun (aushängen und wieder einhängen) wenige Meter matschiges Stück Viehweg überqueren; über Wiesenweg vorbei an alten Bäumen und Bleihütte bis Bundesstr.; überqueren und Weg gegenüber weiter; Iterbach überqueren und an Inde entlang auf „Unter den Weiden" bis Kornelimünster; Bundesstr. überqueren und mit einer der Gassen durch die Häuser zurück zum Benediktplatz.

Variante 5-km-Rundwanderung (grüner Weg): Benediktplatz – Indetal – Klause – Krauthausen – „Varneneum" – Benediktplatz: Start „Benediktplatz" P wie oben; über „Korneliusplatz" zur Inde und dort rechts ab; auf Höhe Abteigarten auf Indebrücke links ab; mit dem Weg durch Wald entlang Inde bleiben; nach Wald rechts ab mit Brücke Inde überqueren; vor der Klause am Waldrand entlang rechts ab; durch Wald hinauf; Straße überqueren und dahinter mit Fußweg links ab; vor „Bilstermühle" und Kalkofen auf Str. rechts ab; nächsten Weg links ab; nach Rechtsknick mit Str. weiter Ri. Krauthausen; im Ort rechts ab mit „Krauthausener Str."; „Zehntstr." links ab; nach 300 m und am nächsten Ortsbeginn Weg links ab und auf Feldweg geradeaus weiter; nach 500 m Str. nach Dorff kreuzen; auf Feldweg weiter und nach 150 m nächsten Weg rechts ab zum „Tempelbezirk"; hier rechts um „Varneneum" herum; auf Fußweg hinunter; in „Schildchenweg" rechts ab; zur Bergkirche links ab und mit Treppen hinunter nach Kornelimünster.

Für Greta, die jetzt mit uns durchs Leben wandert